Ciencia de Datos

PYTHON

Una guía definitiva para que los principiantes aprendan los fundamentos de la ciencia de datos con Python

CHRISTOPHER WILKINSON

Tabla de Contenidos

Introduction

Python es un lenguaje de programación orientado a objetos de alto nivel y bien conocido que es utilizado por muchos diseñadores de software y científicos de datos de todo el mundo. Guido van Rossum estructuró esto en 1991, y Python Software Company lo ha desarrollado aún más. A pesar del hecho de que había muchos lenguajes OOP, la razón principal para construir este lenguaje era subrayar la coherencia del código y el procesamiento lógico y numérico (por ejemplo, NumPy, SymPy, Orange). La sintaxis de Python es simple y corta. Es un lenguaje versátil y de código abierto que soporta una gran biblioteca estándar.

Python es un lenguaje de programación ampliamente útil que es bien conocido por la ciencia de la información. Organizaciones de todo el mundo están utilizando Python para recopilar bits de conocimiento de su información y adición de una ventaja enfocada. A diferencia de otros ejercicios de instrucción de Python, este libro completo sobre Python es explícitamente para la ciencia de datos. Tiene una colección de enfoques sorprendentes para almacenar y controlar la información y acomodar aparatos de ciencias de la información para dirigir sus propios exámenes.

En el mundo contemporáneo, cada negocio se centra en la seguridad de los datos, la gestión y la utilidad. Todas las empresas de renombre están jugando con datos a través de complejos algoritmos de Python para almacenar, manipular y procesar datos para obtener información útil y utilizarla materialmente para beneficiar al negocio. ¿Alguna vez has pensado en píxeles de Facebook para volver a segmentarte en tu página de perfil con el mismo producto que viste en un sitio web de comercio electrónico? ¿O las recomendaciones de Google basadas en un lugar que visitaste anteriormente? Hoy en día, Android Speech Recognition y Apple Siri entienden sus señales de voz con precisión y responden a usted en consecuencia. En todos estos productos de alta tecnología, hay algoritmos y códigos complejos de lenguaje de máquina estructurados por Python.

Este libro "Ciencia de Datos Python ", una guía definitiva para principiantes para aprender los fundamentos de la ciencia de datos usando Python, ofrezco un enfoque extraordinario hacia el aprendizaje de este lenguaje de alto nivel para equiparlo con un método completo de uso de Python para big data Administración. A medida que la tecnología está creciendo rápidamente, cada organización requiere un sistema altamente eficiente para procesar datos para lograr los resultados deseados. Es un libro detallado con un conocimiento completo de la ciencia de datos, estructuras de datos de Python, bibliotecas estándar, marcos de ciencia de datos y modelos predictivos en Python.

Capítulo 1

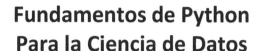

Fundamentos de Python
Para la Ciencia de Datos

1.1 ¿Qué es la ciencia de datos?

La ciencia de datos es una recopilación de diferentes instrumentos, interfaces de datos y cálculos con estándares de IA (algoritmos) para encontrar patrones ocultos a partir de datos sin procesar. Estos datos se colocan en almacenes de distribución de datos de grandes empresas y se utilizan en enfoques inventivos para crear valor empresarial.

Un examinador de datos (analista) y un científico de datos son únicos. Un analista intenta procesar el historial de datos y aclarar lo que está sucediendo. Mientras que un investigador de datos necesita diferentes cálculos propulsados de IA (algoritmos de aprendizaje automático) para un evento de una ocasión específica mediante la utilización de análisis.

1.2 Python y su historia

Python es un lenguaje de programación traducido, de alto nivel y universalmente útil. Desarrollado por Guido van Rossum y descargado por primera vez en 1991, el razonamiento del plan de Python acentúa la claridad del código con su eminente utilización de espacios en blanco críticos. Su lenguaje desarrolla un plan de metodología arreglado por objetos para permitir a los ingenieros de software componer código claro y sensato para proyectos a pequeña y gran escala.

Python fue desarrollado por primera vez a finales de la década de 1980 como un sucesor del lenguaje ABC. Python 2.0, descargado en 2000, presentó aspectos destacados, como percepciones y un marco de recolección de basura, apto para recopilar ciclos de referencia. Python 3.0, descargado en 2008, fue una modificación notable del lenguaje, y gran parte del código de Python 2 no se ejecuta sin modificar en Python 3. El diseñador de idiomas Guido van Rossum tenía el único deber con respecto a la empresa hasta julio de 2018, pero ahora comparte su administración como individuo de un consejo de dirección de cinco hombres.

1.3 Características únicas y filosofía

Python es un lenguaje de programación versátil que admite la programación orientada a objetos (OOP) y otros lenguajes prácticos de programas informáticos. Inicialmente no fue diseñado para la ciencia de datos, pero como campo, los profesionales comenzaron a usarlo para el análisis de datos y se convirtió en una prioridad para la ciencia de datos. Muchos estándares diferentes se refuerzan utilizando expansiones, incluyendo un plan por contrato y programación racional. Del mismo modo, incluye objetivos de nombre dinámico (autoritativo tardío), que vinculan la técnica y los nombres de variables durante las operaciones del sistema. Tiene capacidades de canal, guía y disminución, entendimientos de lista, referencias de palabras, conjuntos y expresiones de generador. La biblioteca estándar tiene dos módulos que actualizan los dispositivos útiles adquiridos de Haskell y Standard ML.

En lugar de tener la mayor parte de su utilidad incorporada con su centro, Python estaba destinado a ser profundamente extensible. Esta calidad medida reducida lo ha hecho especialmente conocido como un método para agregar interfaces programables a las aplicaciones existentes. La visión de Van Rossum de un lenguaje central con una enorme biblioteca estándar y traductor efectivamente extensible se originó de sus insatisfacciones con ABC, que defendió el enfoque inverso.

Python progresa hacia una estructura y puntuación del lenguaje menos compleja y menos confusa, al tiempo que permite a los ingenieros tomar decisiones en su enfoque de codificación. A diferencia del proverbio de Perl "hay más de un enfoque para hacerlo", Python entiende un plan "y, idealmente, uno solo— claro para hacerlo". Alex Martelli, de la Python Software Fundación y escritor de libros de Python, afirma que "representar algo como 'nítido' no se ve como un cumplido en la cultura Python".

Los ingenieros de Python intentaron mantener una distancia estratégica desde el avance inoportuno, y rechazar parches a piezas no básicas del CPython que ofrecerían incrementos mínimos en velocidad a expensas de la claridad. Cuando la velocidad es significativa, un ingeniero de software de Python puede mover capacidades básicas de tiempo a módulos de expansión escritos en dialectos. Por ejemplo, C, o usar PyPy, un compilador en el nick of time. Cython también es accesible, lo que convierte una interpretación de un contenido de Python en C y realiza llamadas Directas a la API de nivel C en el traductor de Python.

El avance de Python se mejoró en gran medida mediante el proceso de propuesta de mejora de Python (PEP). Esto incluyó la recopilación de la contribución de la comunidad en los problemas y el registro de las decisiones de estructura de Python. El estilo de codificación de Python se analiza en PEP 8. Los PEP sobresalientes son evaluados y comentados por la comunidad Python y el consejo de control.

La mejora del lenguaje se compara con el avance del uso de referencia de CPython. La lista de correo, Python-dev, es la discusión esencial para el avance del lenguaje. Se habla de problemas explícitos en el rastreador de errores mantenido en Python.org. El desarrollo se produjo inicialmente en un almacén de código fuente autofacilitado que ejecuta Mercurial, hasta que Python se trasladó a GitHub en enero de 2017.

Las descargas abiertas de CPython vienen en tres tipos, reconocidos por qué parte del número de adaptación se aumenta.

Las **variantes B ackward-contrary** es donde se requiere código para romper y debe ser portado físicamente. Se aumenta el segmento inicial del número de adaptación. Estas descargas ocurren raramente, por ejemplo, la adaptación 3.0 fue dada de alta ocho años después de 2.0.

Las descargas principales o "características" son como un reloj e incluyen nuevas características. Se aumenta la segunda parte del número de formulario. Cada variante significativa se mantiene mediante correcciones de errores durante bastante tiempo después de su lanzamiento.

Las descargas de corrección de errores, que no presentan nuevas incluye, se producen a intervalos regulares y se realizan cuando se ha corregido un número adecuado de errores aguas arriba desde la última descarga. Las vulnerabilidades de seguridad también se fijan en estas descargas. La tercera y última parte del número de formulario se incrementa.

Numerosos usuarios de descargas alfa y beta son además descargados como adelantos, y para las pruebas antes de descargas concluyentes. A pesar de que hay un horario desagradable para cada descarga, con frecuencia se aplazan si el código no está preparado. El grupo de avance de Python muestra la condición del código ejecutando un enorme conjunto de pruebas unitarias durante la mejora y utilizando el sistema de combinación sin cesar BuildBot. La comunidad de ingenieros de Python ha contribuido además con más de 86.000 módulos de programación. La verdadera Conferencia Escolástia sobre Python es PyCon. También hay programas extraordinarios de entrenamiento Python, por ejemplo, Pyladies.

1.4 Aplicaciones Python

Python es conocida por su naturaleza ampliamente útil que lo hace relevante en prácticamente todos los espacios de avance de la programación. Python se puede utilizar en una gran cantidad de formas de mejora; hay territorios de aplicación que especifican Python.

Aplicaciones web

Podemos utilizar Python para crear aplicaciones web. Proporciona bibliotecas para tratar con convenciones web, por ejemplo, HTML y XML, JSON, manejo de correo electrónico, demanda, sopa hermosa, Feedparser, etc. Además, hay marcos. Por ejemplo, Django, Pyramid, Flask, etc. para estructurar y desarrollar aplicaciones electrónicas. Algunas mejoras significativas son PythonWikiEngines, PythonBlogSoftware, etc.

7

Aplicaciones GUI de escritorio

Python proporciona una biblioteca Tk-GUI para crear una interfaz de usuario en la aplicación basada en Python. Otra valiosa caja de herramientas incluye wxWidgets, Kivy, y se puede utilizar en algunas etapas. El Kivy es bien conocido por las aplicaciones multitáctil comp sing.

Desarrollo de software

Python es útil para programar procesos avanzados. Funciona como un lenguaje de ayuda y se puede utilizar para fabricar el control y la placa, pruebas, etc.

Científico y Numérico

Python es mainstream y generalmente se utiliza en la figura lógica y numérica. Algunas bibliotecas y paquetes útiles son SciPy, Pandas, IPython, etc. SciPy es una biblioteca utilizada para la colección de paquetes de diseño, ciencia y aritmética.

Aplicaciones empresariales

Python se utiliza para fabricar aplicaciones empresariales, como ERP y marcos de negocios en línea. Tryton es una etapa de aplicación de estado anormal.

Aplicación basada en consola

Se puede utilizar para aplicaciones basadas en soporte. Por ejemplo: IPython.

Aplicaciones basadas en audio o vídeo

Python es ideal para reproducir varias asignaciones y se puede utilizar para crear aplicaciones multimedia. Algunas de las aplicaciones genuinas son TimPlayer, cplay, y así sucesivamente.

Aplicaciones CAD 3D

Para hacer la aplicación CAD, Fandango es una aplicación genuina que ofrece todos los aspectos más destacados de CAD.

Aplicaciones empresariales

Python se puede utilizar para crear aplicaciones que se pueden utilizar dentro de una empresa o una organización. Algunas aplicaciones en curso son OpenERP, Tryton, Picalo, etc.

Aplicaciones para imágenes

Utilizando Python, se pueden crear algunas aplicaciones para una imagen. Varias aplicaciones incluyen VPython, Gogh e imgSeek.

1.5 Por qué Python para realizar análisis de datos

Diferentes lenguajes de programación se pueden utilizar para la ciencia de datos (por ejemplo SQL, Java, Matlab, SAS, R y algunos más), sin embargo Python es el más favorecido por los investigadores de datos entre los diversos lenguajes de programación en este diagnóstico. Python tiene algunas características excepcionales, incluyendo:

- Python es sólido y básico con el objetivo de que sea cualquier cosa menos difícil obtener dominio del idioma. No tienes que enfatizar su estructura lingüística en la posibilidad de que seas un aficionado. Su sintaxis es similar a la escritura en inglés; es por eso que es un lenguaje de programación fácil de usar.

- Python es compatible con casi todas las plataformas, como Windows, Mac y Linux.

- Tiene múltiples estructuras de datos con las que los cálculos complejos se pueden simplificar fácilmente.

- Python es un lenguaje de programación de código abierto que permite a los científicos de datos obtener bibliotecas y códigos predefinidos para realizar sus tareas.

- Python puede realizar la visualización de datos, la investigación de datos y el control de datos.

- Python sirve diferentes bibliotecas innovadoras para algoritmos y cálculos lógicos. Diferentes cálculos complejos de cálculo lógico y de IA se pueden realizar utilizando este lenguaje de manera efectiva en una estructura de frases moderadamente básica.

1.6 Lista de versiones de Python

El lenguaje de programación Python se actualiza constantemente con nuevos componentes y soportes.

A continuación se muestra la lista de versiones de Python con su fecha de lanzamiento se da:

Versión de Python	Fecha de lanzamiento
Python 1.0	Enero de 1994
Python 1.5	31 de diciembre de 1997
Python 1.6	5 de septiembre de 2000
Python 2.0	16 de octubre de 2000
Python 2.1	17 de abril de 2001
Python 2.2	21 de diciembre de 2001
Python 2.3	29 de julio de 2003
Python 2.4	30 de noviembre de 2004
Python 2.5	19 de septiembre de 2006
Python 2.6	1 de octubre de 2008
Python 2.7	3 de julio de 2010
Python 3.0	3 de diciembre de 2008
Python 3.1	27 de junio de 2009
Python 3.2	20 de febrero de 2011
Python 3.3	29 de septiembre de 2012
Python 3.4	16 de marzo de 2014
Python 3.5	13 de septiembre de 2015
Python 3.6	23 de diciembre de 2016
Python 3.7	27 de junio de 2018

1.7 Cómo instalar Python

Python está fácilmente disponible en Internet y se puede descargar desde varios sitios web. Algunos ejemplos para la instalación de Python son los siguientes:

Instalación en Windows

Abra el enlace https://www.Python.org/downloads/ para descargar la última versión de Python. En este método, se abrirá una ventana con diferentes versiones de Python, y puede instalar Python 3.6.7.

Después de seleccionarlo, haga doble clic en el archivo ejecutable, que se descarga. Se abrirá una ventana.

Seleccione Personalizar instalación y continúe.

Ahora una ventana representará todas las características opcionales. Todas las características necesarias para ser instalados y se comprueban de forma predeterminada.

Haga clic al lado para continuar.

Las ventanas emergentes de la ventana muestran opciones avanzadas. Marque todas las opciones requeridas y haga clic en Siguiente.

Entonces podemos instalar Python-3.6.7.

Ahora, vamos a ejecutar Python en el símbolo del sistema. Escriba el comando Python; puede mostrar error. Esto se debe a que no se ha establecido la ruta de acceso.

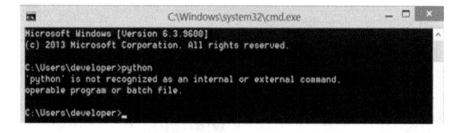

Para establecer la ruta de Python, haga clic con el botón derecho en "Mi PC" y seleccione Propiedades ,seleccione Avanzado > Seleccionar variables de entorno.

Se agregará una nueva ruta en la sección de variables de usuario

Escriba PATH como nombre de variable y establezca la ruta de acceso al directorio de instalación de Python.

Cuando se establece la ruta, ahora podemos ejecutar Python en nuestro sistema local. Reinicie CMD y escriba Python de nuevo. Finalmente, se abrirá el intérprete de Python donde podemos ejecutar las instrucciones de Python.

El enfoque menos exigente para introducir cosas en la línea de comandos es utilizar la funcionalidad de instalación de la aplicación apt-get. Debe escribir apt-get install. Si el extra existe, apt-get lo descubrirá y lo enviará. Desafortunadamente, la versión de apt-get en su servidor no es la más reciente, por lo que como paso inicial, actualícela con este comando:

sudo apt-get actualización

A través de este comando, puede actualizar la versión y ejecutar el proceso de instalación.

Capítulo 2

Funciones de Python y Manejo de Archivos

L as funciones de Python y el manejo de archivos son la parte más importante de Python para la ciencia de datos. Sin el uso de estas funcionalidades, ningún científico de datos puede lograr resultados. Son códigos fáciles de entender que se pueden llamar en cualquier parte del código principal de Python.

2.1 Funciones en Python

Las funciones de Python son un pequeño bloque de código muy útil que se puede llamar para ejecutar una función específica. Se utilizan en programas para realizar roles especiales. Básicamente, son instrucciones únicas que están encerradas por . Se pueden llamar tantas veces como sea necesario.

Ventaja de las funciones de Python

Estas son algunas de las principales ventajas de las funciones de Python:

- Evitan la repetición del código. Con una sola instrucción, se puede llamar a toda la función. Ahorra mucho tiempo.

- Su reutilización es una característica muy atractiva. Se puede llamar un número de veces en un programa.

- A través de estas funciones, un gran programa se puede dividir en múltiples funciones. Mejora el uso.

Funciones de Python

Hay muchas funciones en el lenguaje de programación Python. Se pueden llamar desde el paquete de intérprete para usarlos en cualquier programa. Sin estas funciones, este lenguaje no tiene ninguna atracción para la comunidad de software. Hoy en día, se utilizan en todo el mundo para realizar importantes tareas de programación relacionadas con la ciencia de datos y otros proyectos.

La función abs() en Python

Esta función es principalmente para valores numéricos. Devuelve un valor absoluto cuando se introduce cualquier entero. Es específicamente para obtener valores absolutos en un solo argumento. Estos son algunos ejemplos de números absolutos para entender el concepto.

Por ejemplo

• Número int
Int -25
Print(' valor de abdominales de -25 is', abs(int)
#float número
Flotador -55
Print('abs valor de -55', abs(float)

Resultado/Salida:

valor de los abdominales de -25 es: 25
valor de los abdominales de -55 es: 55
Estos resultados están definiendo "cómo funciona la función".

La función bin() en Python

Esta función, bin(), devuelve los resultados binarios de un entero. La salida binaria tiene el prefijo 0b al principio del valor.

Por ejemplo

Vamos a evaluar esta función a partir de esta elaboración de sintaxis de la función.

c-20

d á bin(a)

print(d)

Salida:

0b2020

La función bool() en Python

Esta función proporciona una salida en valor booleano mediante métodos de prueba deverdad. Es una función integrada muy importante de Python. Si hay alguna entrada de valor, el resultado es verdadero, de lo contrario se imprime false.

Por ejemplo

Vamos a evaluar esta función a partir de esta elaboración de sintaxis de la función.

X1o[5]

Print(x1, 'is',bool(x1)

x1o Sin valor

Print(x1, 'is',bool(x1)

Resultado/Salida:

[5] es Verdadero

Sin valor es False

Estos resultados están definiendo "cómo funciona la función".

La función bytes() en Python

La función bytes() es muy útil para obtener el objeto en bytes. Pertenece al comando byte-array. En su mayoría, los expertos en programación de Python obtienen ayuda generando objetos a través de este comando.

Por ejemplo

Vamos a evaluar esta función a partir de esta elaboración de sintaxis de la función.

String "Hola Python."
Bytes de matriz (cadena, 'utf-8')
Print(Array)

Resultados:

'Hola Python.'
Estos resultados están definiendo "cómo funciona la función".

La función callable()

Esta función investiga y muestra 'verdadero' cuando los objetos parecen invocables, de lo contrario muestra False. Esta función ahorra tiempo notificando al usuario sobre la disponibilidad de un objeto con s single command.

Por ejemplo

Vamos a evaluar esta función a partir de esta elaboración de sintaxis de la función.

    C- 12
    Impresión (callable(C))

Resultado/Salida:

    Falso
    Estos resultados están definiendo "cómo funciona la función".

La función compile() en Python

El compile() funciona en código fuente mediante los compiladores de Python y, en última instancia, genera un objeto con código. Más tarde, ejecutamos este código utilizando la función exec() en el mismo programa.

Por ejemplo

Vamos a evaluar esta función a partir de esta elaboración de sintaxis de la función.

    Code_str c-10-n d-15-n print("sum-",c+d)'
    Código-compilación(code_str, "sum.py','exec')
    Print(type(código))
    Exec(código)
    Exec(c)

Salida:

    suma 25
    Estos resultados están definiendo "cómo funciona la función".

La función exec() en Python

La función exec() tiene una importancia adicional dentro de las funciones integradas de Python. Ejecuta los programas de Python y produce resultados. Sin esta función, los programas Python no se pueden ejecutar.

Por ejemplo

Vamos a evaluar esta función a partir de esta elaboración de sintaxis de la función.

```
b - 12
exec('print(b-12)')
exec('print(b+4)')
```

Resultados:

Verdad

16

Estos resultados están definiendo "cómo funciona la función".

La función sum() en Python

Cuando trabajamos con operaciones aritméticas utilizando datos numéricos, la función Sum() se vuelve inevitable. Utilizamos esta función para realizar la adición de valores disponibles en la lista.

Por ejemplo

Vamos a evaluar esta función a partir de esta elaboración de sintaxis de la función.

```
x - suma([2, 5,4 ])
print(x)
```

x- suma([4, 2, 4], 10)

print(x)

Salida:

11

20

Estos resultados están definiendo "cómo funciona la función".

La función any() en Python

La función any() de Python proporciona el resultado o la salida en valor booleano, que puede ser verdadero o false. Imprime verdadero cuando hay algún valor 'verdadero' en la lista. Pero si no hay ningún valor verdadero, da un false. También es una función muy útil para los científicos de datos que trabajan en proyectos de big data.

Por ejemplo

Vamos a evaluar esta función a partir de esta elaboración de sintaxis de la función.

5[4, Falso,9]

Imprimir(cualquiera(5))

5o[]

Imprimir(cualquiera(5))

Resultado:

Verdad

Falso

Estos resultados están definiendo "cómo funciona la función".

La función ascii() en Python

La función ascii() tiene un papel importante en la programación de ciencia de datos de Python. El valor de salida de esta función siempre es 'string'. No imprime otros caracteres ascii.

Por ejemplo

Vamos a evaluar esta función a partir de esta elaboración de sintaxis de la función.

```
nT'Que tengan un buen día'
print(ascii(nT))
oT 'Que tengas un buen día'
print(ascii(oT))
print('Have'xf6n a good day')
```

Salida:

'Que tengas un buen día'
'Tener xf6n un buen día'
'Que tengas un buen día'
Estos resultados están definiendo "cómo funciona la función".

La función bytearray() en Python

La función bytearray desempeña un papel integral en la programación de Python. Para crear un objeto, este comando ayuda a los usuarios o profesionales de software sin perder tiempo.

Por ejemplo

Vamos a evaluar esta función a partir de esta elaboración de sintaxis de la función.

```
String1 "Python Data Science"
#string1 con codificación 'utf-8'
```

Array1bytearray(string, 'utf-8')

Impresión(array1)

Resultado:

bytearray(b'Python Data Science')

Estos resultados están definiendo "cómo funciona la función".

La función eval() en Python

La función eval() tiene un papel adicional en la programación de Python. Esta función se ejecuta en un programa en ejecución, lo que ayuda al administrador de código a realizar el trabajo rápidamente.

Por ejemplo

Vamos a evaluar esta función a partir de esta elaboración de sintaxis de la función.

Y6

Impresión(eval('Y+1')

Salida:

7

Estos resultados están definiendo "cómo funciona la función".

La función format() de Python

Esta función format() de Python facilita la codificación de todos los programadores. Al dar formato a los valores y otros datos dados, ahorra tiempo al maestro de codificación.

Por ejemplo

Vamos a evaluar esta función a partir de esta elaboración de sintaxis de la función.

*   *d, f y b son un tipo*
*   *entero*
print(formato(515, "d"))
Argumentos flotantes
print(formato(515.7898, "f"))
*   *Formato binario*
print(formato(15, "b"))

Resultado/Salida:

245
363.790
35
Estos resultados están definiendo "cómo funciona la función".

La funcion frozenset() de Python

La función frozenset() proporciona un objeto de conjunto congelado modificable. Esta es una función muy útil de Python.

Por ejemplo

Vamos a evaluar esta función a partir de esta elaboración de sintaxis de la función.
   letra ('j', 'k', 'l', 'm', 'p')
   frozSet - frozenset(carta)
   print('Frozen set:', frozSet)
   print('set with no value:',Frozenset())

Resultado:

   Conjunto congelado: ('k', 'p', 'j', 'm', 'l")
   Set sin val: frozenset()
   Estos resultados están definiendo "cómo funciona la función".

La función getattr() de Python

Esta función tiene un papel muy importante en el lenguaje Python. Con este comando, el usuario puede obtener el atributo del objeto. Los programadores de software utilizan esta función para asignar nombres a los objetos.

Por ejemplo:

Vamos a evaluar esta función a partir de esta elaboración de sintaxis de la función.

Detalles de la clase:

edad 21

nombre á "john"

Detalles: Detalles()

print('age:', getattr(detail, "age"))

print('edad:', detail.age)

Resultado/Salida:

edad: 21 años

edad: 21 años

Estos resultados están definiendo "cómo funciona la función".

La función globales() de Python

Esta función permite al usuario obtener la tabla de símbolos globales (estructura de datos) con toda la información de variables y métodos. Es una función obligatoria tener todos los símbolos listos para usar en cualquier programa Python. Veamos en este ejemplo para entender esta función:

Ejemplo:

Vamos a evaluar esta función a partir de esta elaboración de sintaxis de la función.

Id 25
globals()['Id'] 25
print(' Mi ID :', Id)

Resultado:

Mi id : 25
Estos resultados están definiendo "cómo funciona la función".

La función hasattr() de Python

Esta función se basa en booleanos devuelve: verdadero y false.

Por ejemplo

Vamos a evaluar esta función a partir de esta elaboración de sintaxis de la función.

l á [0, Falso, 5]
print(any(l))
l á []
print(any(l))

Resultados:

Verdad
Falso
Estos resultados están definiendo "cómo funciona la función".

La función iter() de Python

Esta función se utiliza comúnmente mientras se reproduce con los valores dentro de una lista de objetos. Imprime los valores de una lista uno por uno.

Por ejemplo

Vamos a evaluar esta función a partir de esta elaboración de sintaxis de la función.

• Lista de números
lista de servidores [6,7,8,9,
listIter á iter(lista)
• Impresiones '6'
print(next(listIter))

• Imprime '7'
print(next(listIter))

• Imprime '8'
print(next(listIter))
• Imprime '9'
print(next(listIter))

Resultado/Salida:

6
7
8
9
Estos resultados están definiendo "cómo funciona la función".

La función len() de Python

Es una función simple, pero extremadamente importante de la programación de Python. Los usuarios o programadores miden la longitud de los elementos mediante esta función.

Por ejemplo

Vamos a evaluar esta función a partir de esta elaboración de sintaxis de la función.

stringX - 'Datos'

print(len(stringX))

Resultado:

4

Estos resultados están definiendo "cómo funciona la función".

La función list() de Python

Esta función es una de las funciones más utilizadas que genera una lista completa de un conjunto de instrucciones dadas.

Por ejemplo

Vamos a evaluar esta función a partir de esta elaboración de sintaxis de la función.

print(list())

#for lista vacía

Cadena de cadena

String á 'abcde'

print(list(String))

• Tupla

Tupla (1,2,3,4,5)

print(list(Tuple))

Lista de

Lista [1,2,3,4,5]
print(list(List))

La función locals() de Python

Proporciona un resultado booleano en la entrada (Verdadero o False). Toma dos entradas y devuelve verdadero o false según el programa definido.

Por ejemplo

Vamos a evaluar esta función a partir de esta elaboración de sintaxis de la función.

def localsJunior():
regresar locales()
def localstSenior():
Senior - Verdadero
regresar locales()
print('localsNoAutority:', localsJunior())
print('localsHighAuthority:', localsSenior())

Resultado:

localesJunior:
localesSenior: 'presente': Verdadero'
Estos resultados están definiendo "cómo funciona la función".

La función map() de Python

Esta función es muy importante, ya que proporciona la lista de un elemento procesada en esta función.

Por ejemplo

Vamos a evaluar esta función a partir de esta elaboración de sintaxis de la función.

def calculateAddition(n):

return n+n

números (1, 2, 3, 4)

resultado: map(calculateAddition, numbers)

print(resultado)

• Convertir el objeto de mapa para establecer

NumbersAddition á set(result)

print(numbersAddition)

Resultado / Salida:

<map object at 0x7fb04a6bec18>

Estos resultados están definiendo "cómo funciona la función".

La función delattr() en Python

Esta función es más importante que la función de adición. En cada paso, un desarrollador o usuario debe eliminar atributos de la clase y muestra errores al llamar al mismo atributo.

Por ejemplo

Vamos a evaluar esta función a partir de esta elaboración de sintaxis de la función.

Empleado de clase:

ID 21

Nombre "John"

Correo Electrónico "john@xyz"

Def getinfo(self):
Imprimir(self.id, self.name, self.email)
E-empleado()
e.getinfo()
delattrib(Empleado, 'Descripción del trabajo')
e.getinfo()

Resultado / Salida:

21 Juan John@xyz
Estos resultados están definiendo "cómo funciona la función".

La función divmod() en Python

Esta función realiza una operación numérica en valores determinados. Los argumentos que utiliza esta función son valores numéricos. En todas las operaciones numéricas, esta función se utiliza con frecuencia y se prefiere.

Por ejemplo

Vamos a evaluar esta función a partir de esta elaboración de sintaxis de la función.
X á divmod(30,5)
impresión(X)

Resultado/Salida:

(6, 0)
Estos resultados están definiendo "cómo funciona la función".

La función enumerate() de Python

Esta función se basa en la secuencia de números de índice. Mediante el uso de la secuencia y el índice del elemento, genera un objeto con valores numéricos.

Por ejemplo

Vamos a evaluar esta función a partir de esta elaboración de sintaxis de la función.

> *Y - enumerate([4,5,6])*
> *impresión (Y)*
> *print(list(Y))*

Resultado/Salida:

> *[(0, 4), (1, 5), (2, 6)]*
> *Estos resultados están definiendo "cómo funciona la función".*

La función dict() de Python

Devuelve un diccionario. Esta función genera tres tipos de diccionario:

Diccionario vacío: cuando no se pasa ningún argumento.

Diccionario del par clave-valor idéntico: cuando se da un argumento potencial.

Diccionario de palabras clave y valor añadido: cuando hay un argumento de palabra clave.

Por ejemplo

Vamos a evaluar esta función a partir de esta elaboración de sintaxis de la función.

> *X - dict()*

Y - dictado (c-4,d-5)
print(resultado)
print(resultado2)

Resultado/Salida:

Diccionario #empty
'c': 4, 'd':5' #dictionary con valores
Estos resultados están definiendo "cómo funciona la función".

La función filter() de Python

Se utiliza para la filtración de valores proporcionando dos argumentos: función e iterable. En caso de función (ninguno), devuelve solo VERDADERO.

Por ejemplo

Vamos a evaluar esta función a partir de esta elaboración de sintaxis de la función.
def filterdata(y):
si y>4:
devolver y
Resultado: filter(filterdata,(1,2,7))
print(list(Result))

Resultado/Salida:

[7]
Estos resultados están definiendo "cómo funciona la función".

La función hash() de Python

Genera el valor numérico a través del algoritmo hash. Estos valores pueden ser enteros utilizados para la comparación de claves de diccionario.

Por ejemplo

Vamos a evaluar esta función a partir de esta elaboración de sintaxis de la función.

X á hash(35)
Y á hash(35.6)
impresión(X)
impresión (Y)

Salida:

35
756783388388221
Estos resultados están definiendo "cómo funciona la función".

La función help() de Python

Llama ayuda para ayudar al proceso de paso de objetos. A través de un parámetro adicional, esta función comparte los datos de ayuda con usted.

Por ejemplo

Vamos a evaluar esta función a partir de esta elaboración de sintaxis de la función.

Información: help()
print(Información)

Salida:

¡Centro de ayuda!
Estos resultados están definiendo "cómo funciona la función".

La función min() de Python

Esta función ayuda a obtener el elemento más pequeño o básico tomando dos argumentos como entrada: elements list y Key.

Por ejemplo

Vamos a evaluar esta función a partir de esta elaboración de sintaxis de la función.
   X a min(2100,221,225)
   Y a min(1000.25,2025.35,5625.36,10052.50)
   impresión(X)
   impresión (Y)

Salida:

221
1000.25
Estos resultados están definiendo "cómo funciona la función".

La función set() de Python

Genera un objeto mediante el uso de objetoitable. Esta función de programación Python se considera la base de los programas.

Por ejemplo

Vamos a evaluar esta función a partir de esta elaboración de sintaxis de la función.
   b - set('25')

```
conjunto c('Python')
impresión(b)
print(c)
```

Salida:

```
{'2', '5'}
'y', 'o', 't', 'h',', 'p', 'n''
```
Estos resultados están definiendo "cómo funciona la función".

La función hex() de Python

Convierte el argumento entero en valor de cadena hexadecimal. Esta función facilita la conversión de todos los programadores, ingenieros de software y expertos profesionales en TI.

Por ejemplo

Vamos a evaluar esta función a partir de esta elaboración de sintaxis de la función.

```
a - hexágono(4)
b hex(140)
impresión(a)
impresión(b)
```

Resultado/Salida:

```
0x2
0x70
```
Estos resultados están definiendo "cómo funciona la función".

La función id() de Python

Esta función genera una identidad (entero) mediante un argumento. Vamos a tratar de entender este concepto a través de un ejemplo

Ejemplo:

Vamos a evaluar esta función a partir de esta elaboración de sintaxis de la función.

```
X - id("Python")
Y á id(1500)
Id de Z([95,236,92,3225])
impresión(X)
impresión (Y)
print(Z)
```

Resultado/Salida:

59696771728
66864236539
19945047867
Estos resultados están definiendo "cómo funciona la función".

La función setattr() de Python

Ayuda a establecer un atributo de un objeto. Toma diferentes valores y después de la aplicación de la función, no da nada.

Por ejemplo:

Vamos a evaluar esta función a partir de esta elaboración de sintaxis de la función.

```
RN 0 #RN número de rollo
Nombre ""
def_init_ (mi, RN, Nombre):
Mi. RN - RN
propio. Nombre: Nombre
Alumno de Xo(121,"John")
print(X.RN)
```

print(X.Name)

#print(X.email) error del producto

setattr(X, 'email','John@abc.com') - adición de nuevo atributo

print(X.email)

Salida:

121

John

john@abc.com

Estos resultados están definiendo "cómo funciona la función".

La función slice() de Python

Esta función proporciona sectores de un grupo de elementos. Inicialmente se necesita un único argumento, pero una segunda función requiere tres argumentos para continuar.

Por ejemplo:

Vamos a evaluar esta función a partir de esta elaboración de sintaxis de la función.

X - rebanada(7)

Y - rebanada(0,7,3)

impresión(X)

impresión (Y)

La función sorted() de Python

Es para la clasificación de elementos en orden ascendente. Para continuar, esta función normalmente utiliza cuatro valores.

Por ejemplo

Vamos a evaluar esta función a partir de esta elaboración de sintaxis de la función.
   X - "javapoint"
   Y - ordenado (X) - cadena de clasificación
   impresión (Y)

La función next() de Python

Esta función le permite obtener el siguiente elemento del grupo especificado. A través de dos argumentos, esta función produce un único elemento.

Por ejemplo:

Vamos a evaluar esta función a partir de esta elaboración de sintaxis de la función.
   X á iter([128, 16, 42])
   Siguiente y (X)
   impresión (Y)
   Y - siguiente(X)
   impresión (Y)
   Siguiente y (X)
   impresión (Y)
   #X es el número
   #Y es artículo

Resultado/ Salida:

   128
   16
   42
   Estos resultados están definiendo "cómo funciona la función".

La función input() de Python

Esta función es para tomar instrucciones del programador o desarrollador de software o usuario. Después de obtener información, convierte el valor en formato de datos requerido por el programa.

Por ejemplo:

Vamos a evaluar esta función a partir de esta elaboración de sintaxis de la función.

> *Valor de input("Por favor inserte el valor: ")*
> *print("Usted ingresó:",Valor)*

Resultado/Salida:

> *Por favor inserte el valor:22*
> *Usted ingresó: 22*
> *Estos resultados están definiendo "cómo funciona la función".*

La función int() de Python

Esta función está diseñada para obtener enteros; normalmente los usuarios lo utilizan para convertir cadenas y otras estructuras de datos en un valor entero especificado.

Por ejemplo:

Vamos a evaluar esta función a partir de esta elaboración de sintaxis de la función.

> *a - int(15) - entero*
> *b - int(15.52) - flotador*
> *c á int('15') á cadena*
> *print("Int val:",a, b, c)*

Resultado/ Salida:

Int val : 15 15 15

Estos resultados están definiendo "cómo funciona la función".

La función pow() de Python

Calcula la potencia numérica para definirla para algunos resultados específicos necesarios para el proyecto o programa. Es realmente una función importante para llevar a cabo muchas soluciones algebraicas.

Por ejemplo:

Vamos a evaluar esta función a partir de esta elaboración de sintaxis de la función.

#Positive a, Positivo b (a**b)
print(pow(2, 3))

• Negativo a, Positivo b
print(pow(-2, 3))

• Positivo a, negativo b (x**-y)
print(pow(2, -3))

• Negativo a, Negativo b
print(pow(-2, -3))

Resultado/ Salida:

8
8
Estos resultados están definiendo "cómo funciona la función".

La función print() de Python

Proporciona la impresión del objeto en pantalla.

Por ejemplo

Vamos a evaluar esta función a partir de esta elaboración de sintaxis de la función.

Print("Python Data Science")
a 7
print("a", a)
b - a a
print('a', a, "b')

Resultados / Salida:

Python Data Science
a 7
a 7 a b
Estos resultados están definiendo "cómo funciona la función".

La función range() de Python

Proporciona la secuencia: comienza en 0 normalmente y aumenta en 1 y se detiene en un número específico.

Por ejemplo:

Vamos a evaluar esta función a partir de esta elaboración de sintaxis de la función.

print(list(range(9,12)))
rango (inicio, parada)

Resultado/ Salida:

[10,11]
Estos resultados están definiendo "cómo funciona la función".

La función reversed() de Python

Devuelve la secuencia inversa de una secuencia determinada.

Por ejemplo:

Cadena á 'Python'
print(list(reversed(String)))

Tuple ('J', 'a', 'v', 'a')
print(list(reversed(Tuple)))

Rango s rango(10, 12)
print(list(reversed(Range)))

Lista [1, 2, 7, 5]
print(list(reversed(List)))

Resultado/Salida:

['n', 'o', 'h', 't', 'y','P']
Estos resultados están definiendo "cómo funciona la función".

La función round() de Python

Esta función se utiliza principalmente cuando hay decimales en la lista de números. Echemos un vistazo a este ejemplo para entender esta función.

Por ejemplo:

Vamos a evaluar esta función a partir de esta elaboración de sintaxis de la función.

    impresión(redondo(8))
    impresión(redondo(10.4))
    impresión(redondo(6.6))

Resultado/Salida:

    8
    10
    7
    Estos resultados están definiendo "cómo funciona la función".

La función str() de Python

Transforma cualquier valor en cadena. Esta función de conversión ayuda al usuario a hacer las cosas rápidamente.

Por ejemplo:

Vamos a evaluar esta función a partir de esta elaboración de sintaxis de la función.

    str('6')

Resultado/Salida:

    '6'
    Estos resultados están definiendo "cómo funciona la función".

La función tuplé() de Python

Genera un objeto a través de esta función. Esta función permite a los usuarios obtener su objeto necesario escribiendo una sintaxis simple.

Por ejemplo:

Vamos a evaluar esta función a partir de esta elaboración de sintaxis de la función.

```
a - tupla()
print('a', a)
b - Tupla([2, 8, 10])
imprimir ('b ',b)
a tupla ('Python')
print('a'',a)
a - tupla (4: 'cuatro', 5: 'cinco'))
print('a'',a)
```

Resultado/ Salida:

```
()
b (2, 8, 10)
a ('P', 'y', 't', 'h','o','n')
(4, 5)
```
Estos resultados están definiendo "cómo funciona la función".

La función type() de Python

Esta función se aplica normalmente para comprender el tipo. Con tres argumentos, la función type proporciona un objeto.

Por ejemplo:

Vamos a evaluar esta función a partir de esta elaboración de sintaxis de la función.

```
X a [4, 5] #LIST
print(type(X))
Y , 4: 'cuatro', 5: 'cinco', #Dictionary
print(type(Y))
```

```
clase Python:
a - 0


InstanceOfPython - Python()
print(type(InstanceOfPython))
```

Resultado/Salida:

<clase 'X'>
<clase 'Y'>
<clase '__main__. Python'>
Estos resultados están definiendo "cómo funciona la función".

La función vars() de Python

Devuelve el atributo que pertenece al diccionario. Es una función importante de Python.

Por ejemplo:

Vamos a evaluar esta función a partir de esta elaboración de sintaxis de la función.

```
clase Python:
def _init_(my, a á 7, b a 9):
mi.a a a
my.b á b
InstanceOfPython - Python()
print(vars(InstanceOfPython))
```

Resultado/Salida:

'b': 9, 'a': 7o
Estos resultados están definiendo "cómo funciona la función".

La función zip() de Python

Proporciona un objeto que tiene el mismo índice con varios contenedores. A través de esta función, los resultados se pueden producir en forma zip.

Por ejemplo:

Vamos a evaluar esta función a partir de esta elaboración de sintaxis de la función.

```
numericalList [4,5, 6]
stringList ['cuatro', 'cinco', 'seis']
X - zip()
XList - list(X)
print(XList)

Zip(numberList, stringList)

XSet: set(result)
print(XSet)
```

2.2 Manejo de archivos de Python

Python también admite archivos y permite a los clientes tratar con la lectura y escritura de documentos, junto con numerosos métodos para tratar con los documentos de archivo disponibles. La idea de la administración de archivos se ha extendido a través de diferentes idiomas. Este lenguaje de programación tiene múltiples características y funciones únicas para cuidar de los archivos. Distingue otros lenguajes de programación de alto nivel sobre la base de la organización estructural de la gestión de archivos. Es fácil de aprender e implementar el módulo de codificación en Python. Deberíamos comenzar con Leer y Escribir archivos.

La estructura linguística es: open(filename, mode). Aquí está una lista de algunos comandos para abrir el archivo.

Apertura de archivos mediante función open()

Utilizamos la función open () para leer y escribir. Como se indicó anteriormente, restaura un objeto en formato de archivo. Utilizamos el trabajo open() junto con dos contenciones que reconocen la administración de archivos.

Sintaxis para la apertura de archivos

Archivo de objeto abierto(<nombre>, <modo>, <buffering>)

Para el cierre de la flie: función close() de Pyhton

Después de la finalización del programa, el usuario debe cerrar el archivo utilizando python script: close(). Protege el archivo de amenazas externas y manipulación de funcionalidades.

Sintaxis: file.close()

Ejemplo:

```
Fileabc-open("file.txt","r")
si fileabc:
print("abrió con éxito")
fileabc.close()
```

Capítulo 3

>>> ———————— <<<

Variables, Operadores y Tipos de Datos de Python

Hay algunos conceptos realmente muy importantes en Python que se consideran como bloques de construcción básicos de este lenguaje de programación de alto nivel. Los utilizamos para programar nuestros proyectos y obtener los resultados requeridos a través de sus funcionalidades. Los tipos de datos son conceptos esenciales y nadie puede entender la programación de Python sin tener un comando sobre estos conceptos básicos. Discutiremos las variables importantes, operadores y tipos de datos del lenguaje de programación Python.

3.1 Variables de Python

Variable, un identificador de nombre, es un término que se utiliza para implicar la zona de memoria. En Python, no necesitamos decidir el tipo de factor, ya que Python deduce el lenguaje y es lo suficientemente astuto como para entender la ordenación de variables.

En cualquier caso, necesitamos una carta o un carácter de subrayado. Utilice letras minúsculas para los nombres de las variables. El mazo y el trineo son dos elementos excepcionales.

Nombre del identificador

Los factores son la situación de los identificadores. Un identificador se utiliza para percibir los literales utilizados en el programa. Los estándares para nombrar un identificador se indican a continuación.

- El carácter esencial de la variable debe ser una letra o un carácter de subrayado (_).

- Cada uno de los caracteres junto al carácter esencial puede ser una letra organizada por minúsculas (a-z), promocionada (A-Z), subrayada o un dígito (0-9).

- El nombre del identificador no debe contener ninguna zona vacía ni caracteres extraordinarios (Por ejemplo, ! , , %, y , *).

- El nombre del identificador no debe parecerse a ninguna frase clave retratada en la sintaxis de Python.

- Distinguen entre mayúsculas y minúsculas. Por ejemplo, mi nombre y Mi nombre no se reconocen como los mismos.

- Instancias de identificadores considerables: a123, _n, n_9, etc.

- Instancias de identificadores no válidos: 1a, n%4, n 9, etc.

Asignaciones múltiples

Python permite ofrecer un incentivo a numerosas variables en una explicación solitaria, que de otro modo se denomina múltiples asignaciones. Se puede aplicar de dos maneras diferentes: ya sea mediante la realización de un incentivo solitario a varias variables, o relegando varias cualidades a numerosas variables.

Ejemplo:

a-b-c-60
Impresión
imprimir z

Salida:

>>>
60
60
60
>>>

Ejemplo:

x,y,z-21,25,45
imprimir x
print y
imprimir z

Salida:

>>>
21
25
45
>>>

3.2 Operadores en Python

El operador se representa como una representación simbólica de una función que realiza una actividad determinada entre dos operandos para lograr un resultado específico. Los operadores son vistos como los pilares de un programa en el que la lógica se trabaja en un lenguaje de programación individual. La variedad de operadores dados por Python se retrata como perseguidores. Estos son algunos operadores de uso común para realizar operaciones especiales:

- Operadores aritméticos

- Operadores de comparación

- Operadores de asignación

- Operadores lógicos

- Operadores bit a bit

- Operadores de Membresía

- Operadores de identidad

Operadores aritméticos

Estos operadores se utilizan para operaciones aritméticas específicas para obtener resultados. Se toman dos operandos y se realiza la actividad a través de un operador dando como resultado algún valor deseado.

Aquí hay algunos operadores aritméticos muy importantes utilizados en Python.

Descripción detallada

ADICION +

Es para realizar la función de suma o suma entre dos operandos.   P. ej., si x a 25, y a 15 a> x+y a 40

SUSTRACCION -

Resta el 2o operando del 1st operando. P. ej. si x a 40, y a 10 x - y a 30

DIVISION /

Divide el 1o operando por el 2o operando y da cociente. p. ej., si x a 20, y a 2 a> x/a a 10

MULTIPLICACION *

Realiza una operación de multiplicación. Por ejemplo, si x es 30, y a 10 a> x * y a 300

REMAINDER %

Realiza la operación de división y se queda. Por ejemplo, si x-30, y-10, x/y-0

Operador de comparación en Python

Se utilizan para comparar dos operandos y devuelve booleano (VERDADERO o FALSE) respectivamente.

Descripción de los operadores de comparación de Python

==

Verdadero: cuando los valores son iguales

!=

Verdadero: Cuando los valores son desiguales.

<o

Verdadero: Cuando 1st operando es menor o igual que el segundo operando.

>

Verdadero: Cuando 1st operando es mayor o igual que el segundo operando.

<>

Verdadero: cuando los valores no son iguales.

>

Verdadero: cuando 1st operando es mayor que 2nd Operando.

<

Verdadero: cuando 1st operando es menor que el 2o operando.

Operadores de asignación en Python

En Python, los operadores de asignación se utilizan para asignar el valor de la expresión derecha al operando izquierdo.

Descripción de los operadores de asignación de Python

=

Normalmente asigna el valor de la expresión derecha al operando izquierdo.

+=

Construye la estimación del operando izquierdo mediante la estimación del operando correcto y designa el incentivo alterado de nuevo al operando izquierdo. Por ejemplo, si a 10, b a 20 á> a+ a b será equivalente a a a + b y, por lo tanto, a 30.

-=

Disminuye la estimación del operando izquierdo por la estimación del operando correcto y elimina el incentivo cambiado de nuevo al operando izquierdo. Por ejemplo, si un valor de 20, b a 10 a> a-b será equivalente a un a-b y, de esta manera, un 10.

*=

Aumenta la estimación del operando izquierdo mediante la estimación del operando correcto y designa el incentivo alterado de nuevo al operando izquierdo. Por ejemplo, si un valor de 10, b a 20 á> a* a b será equivalente a a a* b y, posteriormente, a 200.

%=

Divide la estimación del operando izquierdo por la del operando correcto y designa la actualización al operando izquierdo. Por ejemplo, si a 20, b a 10 a > a % a b será equivalente a un a % b y, por lo tanto, a 0.

Operadores lógicos en Python

Se utilizan para evaluar la expresión para llegar a una decisión. Son muy útiles para escribir cualquier lógica de una manera comprensible. Aquí está la lista de operadores lógicos con una breve descripción para crear una mejor comprensión de estos operadores en Python.

Descripción del operador lógico

Y

Condición verdadera: si una expresión "a" es verdadero y otra expresión "b" también es verdadera, el resultado será verdadero.

Por ejemplo, a - verdadero, b - verdadero ?> a y b - verdadero.

O

Condición verdadera: si una expresión "a" es verdadero y otra expresión "b" es false, el resultado será verdadero.

Por ejemplo, a - verdadero, b - false ?> a o b - verdadero.

3.3 Tipos de datos de Python

Los factores pueden contener estimaciones de varios tipos de datos. Python es un lenguaje progresivamente compuesto, por lo tanto, no necesitamos caracterizar el tipo de variable mientras la pronunciamos. El intérprete vincula el incentivo con su tipo.

Python nos permite comprobar el tipo de variable utilizada en el programa. Python nos proporciona el tipo () trabajo que devuelve el tipo de la variable pasada.

Considere la guía adjunta para caracterizar las estimaciones de varios tipos de datos y comprobar su ordenación.

Ejemplo:

```
a-15
b"Hola Python"
c 15,5
print(type(a));
print(type(b));
print(type(c));
```

Salida:

```
<escriba 'int'>
```

<tipo 'str'>
<tipo 'float'>

Tipos de datos estándar

Variable puede soportar varios tipos de cualidades. Por ejemplo, el nombre de un individuo debe guardarse como una cadena, mientras que su identificador debe guardarse como un número entero.

Python proporciona diferentes tipos de datos estándar que caracterizan la técnica de capacidad en cada uno de ellos. Los tipos de datos caracterizados en Python se dan a continuación.

- Números

- Cadena

- Lista

- Tupla

- Diccionario

Ahora explicaremos cada tipo de datos con ejemplos.

Números

El número almacena valores numéricos. Python generó objetos numéricos siempre que se da un número a una variable. Por ejemplo:

1. a 3 , b a 5 #a y b son objetos numéricos

Python admite cuatro tipos diferentes de datos numéricos.

int (enteros firmados como 12, 22, 39, etc.)

largo (números enteros largos utilizados para un rango relativamente más alto de valores como 908800L, -0x19292L, etc.)

flotador (el flotador se utiliza para almacenar punto flotante como 1.7, 9.1902, 151.2, etc.)

Complejo (números complejos como 12.14j, 2.0 + 12.3j, etc.)

Python permite utilizar una L minúscula para usarla con enteros largos. Pero debemos asegurarnos de que siempre se utilice una L mayúscula para mayor claridad.

Un número complejo consiste en un par ordenado, es decir, un + ib, donde a y b denotan las partes reales e imaginarias respectivamente).

Cadena

La cadena se puede describir como la secuencia de caracteres que se representan entre comillas. Además, se pueden usar comillas simples, dobles o triples para definir una cadena.

El control de cadenas es una tarea sencilla y clara, ya que hay muchas funciones y operadores incorporados proporcionados en Python.

Para el manejo de cadenas, el operador + se utiliza para concatenar dos cadenas ya que la operación "hola"+" Sr. Davir" devuelve "hola Mr. David".

El operador * se conoce como un operador de repetición como la operación "Python" *2 devuelve "Python Python ".

El control de cadenas en Python se ilustra en el siguiente ejemplo

Ejemplo:

string1 - 'hola Sr. David'
string2 ' ¿cómo estás'
imprimir (string1[0:2]) #printing dos primeros caracteres usando el operador de sector
print (string1[4]) #printing 4o carácter de la cadena
imprimir (string1*2) #printing la cadena dos veces
print (string1 + str2) #printing la concatenación de string1 y string2
Salida:
él
o
hola Sr. David hola Sr. David
hola Sr. David ¿cómo estás

Operadores de cuerdas

+

El operador 'Adición' se utiliza para unir las cadenas en un programa.

*

Operador con el símbolo 'Multiplication' es para la generación de varias copias de la misma cadena para realizar una función.

[]

Slice Operator pone a disposición las subcadenas de una cadena especificada.

[:]

Este operador de sector de rango realiza la función de obtener caracteres.

En

Este operador de pertenencia devuelve valor con la presencia de una subcadena específica en la cadena principal.

%

Se emplea para realizar el formato de cadena.

Listas

Las listas son idénticas a las matrices en C. Pero la lista puede contener datos de varios tipos. Los elementos almacenados en la lista se separan con una coma (,) y se encierran entre corchetes [].

Los operadores de sectores [:] se pueden emplear para acceder a la lista. El operador de concatenación (+) y el operador de repetición (*) funcionan con la lista de forma similar a que trabajaban con las cadenas.

Ejemplo:

```
l á [1.5, "Hola", "Python", 2]
(l[3:]);
impresión (l[0:2]);
impresión (l);
impresión (l + l);
impresión (l * 3);
```

Salida:

```
[2]
[1.5, 'Hola']
[1.5, 'Hola', 'Python', 2]
[1.5, 'Hola', 'Python', 2, 1.5, 'Hi', 'Python', 2]
```

[1.5, 'Hola', 'Python', 2, 1.5, 'Hi', 'Python', 2, 1.5, 'Hi', 'Python', 2]

Descripción de las funciones integradas de la lista de Python

Función incorporada	Descripción
len (lista):	longitud de la lista.
max(lista):	elemento máximo de la lista.
min (lista):	elemento mínimo de la lista.
cmp(list1, list2):	comparando los elementos de ambas listas.
lista (seq):	secuencia a la lista.

Tupla

Es idéntico a la lista de muchas maneras. Al igual que las listas, las tuplas también poseen la colección de los elementos de varios tipos de datos. Los elementos de la tupla se separan con una coma (,) y se encierran entre paréntesis ().

Una tupla no puede modificar el tamaño y el valor de los elementos de una tupla.

Ejemplo:

(Hola, "mundo de Python", 4)
(t[1:]);
impresión (t[0:1]);
(t);

impresión (t + t);

impresión (t * 3);

impresión (tipo(t))

t[2] - "hola";

Salida:

('Mundo DePython', 4)

('Hola',)

('Hola', 'Mundo DePython', 4)

('Hola', 'Mundo DePython', 4, 'Hola', 'Mundo DePython', 2)

('hola', 'Mundo DePython', 4, 'Hola', 'Mundo DePython', 4, 'Hola', 'Mundo DePython', 4)

<escriba 'tupla'>

Traceback (última llamada más reciente):

Archivo "main.py", línea 8, en <módulo>

t[2] á "Hola";

TypeError: el objeto 'tupla' no admite la asignación

Capítulo 4

Expresiones Regulares de Python, Declaraciones, Bucles

L as expresiones regulares, instrucciones y bucles de Python son la totalidad de la programación de Python. Todas estas funciones, métodos, instrucciones y bucles desempeñan un papel vital en la creación de un programa eficaz para el análisis de datos en Python. Hay una serie de razones detrás de la adición de estos corredores de operaciones en las bibliotecas de Python. Vamos a discutir la importancia y las funcionalidades de estos programas.

4.1 Expresiones regulares de Python

La expresión regular (regex) funciona para analizar el patrón en una cadena. Hay una serie de funcionalidades regex que se pueden importar para poner en uso. Para importar estas funciones, podemos utilizar el comando: import re.

Aquí está una lista de funciones de Regex

Dividir: para dividir la cadena.

Sub: Para reemplazar las coincidencias.

Coincidencia: evalúa el patrón regex y devuelve Verdadero o False.

Findall: Para restaurar todas las coincidencias en cadena

Buscar: para encontrar la coincidencia en cadena.

4.2 Declaraciones de Python

La instrucción de asignación es (token ", el signo igual). Esto funciona de manera diferente que en los dialectos de programación básica convencionales, y este sistema básico (contando la idea de la forma de factores de Python) ilumina numerosos aspectos destacados diferentes del lenguaje. Por lo tanto, la tarea en C, por ejemplo, x á 2, significa "nombre de variable compuesto x obtiene un duplicado de número salte 2". La estima (derecha) se replica en un área de almacenamiento asignada para la que el nombre de la variable (izquierda) es la ubicación emblemática. La memoria prorrateada a la variable es lo suficientemente grande (concebiblemente enorme) para la clase pronunciada. En la instancia más sencilla de la tarea de Python, la utilización de un modelo similar, x - 2, significa "(nonexclusive) nombre x obtiene una referencia a un diferente, progresivamente asignado objeto de tipo numérico (int) de valor significativo 2."

- La instrucción (if), que ejecuta restrictivamente un cuadrado de código, junto con else y elif (una compresión de else-if).

- La instrucción (for) hace hincapié en un artículo iterable, capturando cada componente a un factor cercano para su uso por el cuadrado conectado.

- La instrucción while ejecuta un cuadrado de código siempre que su condición sea válida.

- La instrucción try permite que los casos especiales planteados en su cuadrado de código conectado se obtengan y se cuiden con la excepción de las salvedades. Del mismo modo, garantiza que ordenar el código en un largo último cuadrado se ejecutará constantemente, teniendo poca mente en cómo sale la plaza.

- La instrucción raise emplea para plantear una exención especificada o volver a plantear un caso especial.

- La instrucción de clase ejecuta un cuadrado de código y anexa su espacio de nombres cercano a una clase para su uso en la programación organizada por elementos.

- La instrucción def describe una capacidad o técnica.

- La instrucción pass se rellena como un NOP. Se espera linguísticamente que haga un código vacante cuadrado.

- La instrucción assert se utiliza durante la solución de problemas para comprobar las condiciones que deben aplicarse.

- La instrucción yield restaura un incentivo de un trabajo generador. Desde Python 2.5, el rendimiento es además un administrador. Esta forma se utiliza para actualizar las corrutinas.

- La declaración de importación se utiliza para importar módulos cuyas capacidades o factores se pueden utilizar en el presente programa. Hay tres formas diferentes de utilizar Importar: importar <nombre del módulo> [como <alias>].

- La instrucción print se cambió al trabajo de impresión () en Python.

La explicación de algunas de las declaraciones más empleadas son las siguientes.

Instrucciones If-else de Python

La toma de decisiones es una parte principal de casi todos los lenguajes de programación. Como su nombre indica, la toma de decisiones permite ejecutar un bloque de código especificado para una decisión específica. Sin embargo, en la validación de la condición particular, se toman las decisiones. La verificación de la condición actúa como la columna vertebral de la toma de decisiones. Se realiza mediante las siguientes instrucciones en Python.

Descripción de la declaración

Si Declaración

La instrucción If se emplea para probar una condición específica. Por ejemplo, si this condition(code) es válido, la función continúa.

Si - otra declaración

La instrucción if-else es idéntica a if instrucción, excepto por el hecho de que también proporciona información y comprobar la validez del código; es falso o no. Esa es la razón, la instrucción else se ejecutará si la condición dada en la instrucción if es falsa.

Anidado si Declaración

Las instrucciones if anidadas nos permiten usar la instrucción if- else dentro de una instrucción if externa.

Sangría en Python

Para la simplicidad de la programación y para lograr la sencillez, Python no permite la utilización de gabinetes para el código de nivel cuadrado. En Python, la sangría se utiliza para pronunciar un cuadrado. En la posibilidad de que dos instrucciones estén en un nivel de sangría similar, en ese punto son la pieza de un cuadrado similar.

En general, se dan cuatro espacios para aplicar sangría a las instrucciones, que son una medida común de sangría en Python.

La sangría es la pieza más utilizada del lenguaje Python, ya que proclama el cuadrado del código. Cada una de las declaraciones de un cuadrado se propone en una sangría de nivel similar. Aprenderemos cómo la sangría genuina sucede en el liderazgo básico y otras cosas en Python.

La declaración if

La instrucción (if) se utiliza para probar una condición específica y, si la condición es válida, ejecuta un código conocido como if block. La declaración de condición (si) puede ser cualquier articulación coherente sustancial que pueda evaluarse como genuina o falsa.

La sintaxis es la siguiente

si la expresión:
Declaración

Ejemplo:

num á int(input("ingrese el número?"))
si el número%2 a 0:
print("Number is par")

Salida:

introduzca el número? 10

El número es par

Ejemplo 2

a - int(input("Enter a? "));
b á int(input("Enter b? "));
c á int(input("Enter c? "));
si a>b y a>c:
print("a es mayor");
si b>a y b>c:
print("b is largest");
si c>a y c>b:
print("c es mayor");

Salida:

¿Entrar en un? 100
¿Entrar b? 120
¿Entrar c? 130
c es más grande

La declaración if-else

La instrucción if-else proporciona un bloque else unido a la instrucción if que se ejecuta en el caso falso de la condición. Cuando la condición es verdadera, se ejecuta el bloque if. De lo contrario, se ejecuta el bloque else.

La sintaxis es la siguiente

si la condición:
#block de declaraciones

Más:

#another bloque de sentencias (bloque else)

Ejemplo:

edad á int (input("Introducir la edad? "))
si la edad>-18:
print("Usted es elegible para votar !!");
Más:
print("Lo siento! tienes que esperar !!");

Salida:

¿Introducir tu edad? 90
Usted es elegible para votar !!

Ejemplo 2:

num á int(input("ingrese el número?"))
si el número%2 a 0:
print("Number is even...")
Más:
print("El número es impar...")

Salida:

Introduzca el número?10
El número es par

La declaración elif

Esta instrucción ayuda a ejecutar varios niveles de condiciones. Debe tener una escalera if-an-if para realizar el programa. Sólo funciona tomando una serie de condiciones 'verdaderas'.

La sintaxis es la siguiente

si la expresión 1:
* *bloque de declaraciones*
elif expresión 2:
* *bloque de declaraciones*
elif expresión 3:
* *bloque de declaraciones*
Más:
* *bloque de declaraciones*

Instrucción de interrupción de Python

La instrucción break tiene una importancia única en la programación de bucles de Python. Cambia el patrón de ejecución en las siguientes líneas rompiendo el bucle de los códigos anteriores. Con sintaxis simple, devuelve el control a los bucles requeridos en el mismo programa grande.

La sintaxis es romper

Python continue Statement

Esta instrucción lleva el control de la programación al inicio del bucle. Omite el resto de códigos y la ejecución vuelve al principio. Tiene un papel importante en la omisión y ejecución de condiciones específicas.

La sintaxis es la siguiente

declaraciones #loop
continuar;
#the código que se omitirá

Ejemplo 1:

```
i - 0;
mientras que i!-10:
print("%d"%i);
continuar;
i-i+1;
Salida:
bucle infinito
```

Ejemplo 2:

```
x-1; #initializing una variable local
#starting un bucle de 10 a 20
para x en rango(1,10):
si x-15:
continuar;
print("%d"%i);
```

Salida:

```
10
11
12
13
14
16
17
18
19
20
```

Python Pass (instrucción)

Esta instrucción es una parte no ejecutable del programa. Parece justificar la sintaxis, pero solo proporciona una operación nula. A veces se utiliza cuando el código no es parte del programa, pero se escribe en algún lugar fuera del programa.

Sintaxis es la siguiente: Pasar

Ejemplo:

Para un in [1,2,3,4,5]:
si a-4:
Pasar
imprimir "pasar cuando el valor es",un
imprimir un,

Salida:

>>>
1 2 3 Pase cuando el valor es 4
4 5
>>>

La instrucción import en Python

Esta es la declaración más valiosa en el lenguaje de programación Python. Hace posible el acceso de la funcionalidad de un módulo a otro. Sin la instrucción import, Python no puede funcionar hasta el nivel de marca.

Sintaxis de 'instrucción de importación'

módulo de importación

Ejemplo:

importar doc;
nombre de pila: input("input the first name?")
doc.displayMsg(nombre)

Salida:

¿Introducir el nombre? John
Hola John

4.3 Bucles en Python

La programación tiene que ver con el flujo de comandos y funciones una y otra vez. La mayoría de las veces, el mismo código tiene que repetirse varias veces para obtener resultados, que es una práctica común en el mundo de la programación general. Para facilitar esto a los científicos y programadores de datos, hay muchos bucles que son utilizados por los profesionales para ahorrar tiempo y mantener la sintaxis fácil de entender. Estos bucles repiten el código necesario varias veces con solo un pequeño bloque de código. En Python, estos bucles son necesarios para crear modelos predictivos y análisis de datos.

¿Por qué usar bucles en Python?

Son muy útiles para reducir la complejidad del código. Sintaxis de bucles son muy fáciles de entender y mantener el flujo del programa. Evita la repetición del mismo código y a través de un bucle simple, se puede repetir fácilmente el mismo código varias veces.

Estos son algunos bucles importantes en Python.

1. **for loop**

2. **mientras que el bucle**

3. **bucle do-while**

4. **Python 'for' loop**

La sintaxis es la siguiente

para iterating_var en secuencia:
declaración(es)

Ejemplo:

i-1;
num á int(input("Introducir un número:"));
para i en el rango(1,11):
*print("%d X %d á %d"%(num,i,num*i));*

Salida:

Introduzca un número:10
10 X 1 x 10
10 X 2 x 20
10 X 3 x 30
10 X 4 x 40
10 X 5 x 50
10 X 6 x 60
10 X 7 x 70
10 X 8 x 80
10 X 9 x 90
10 X 10 x 100

Anidado para bucle en Python

Se trata de anidar un 'for loop' dentro de un 'for loop' para ejecutarlo varias veces.

La sintaxis es la siguiente

para iterating_var1 en secuencia:
para iterating_var2 en secuencia:
#block de declaraciones
declaraciones #Other

Ejemplo:

n - int(input("enter number of rows"))
i,j-0,0
para i en el rango(0,n):
print()
para j en rango(0,i+1):
print("",end-"")*

Salida:

¿Introducir el número de filas? 6
*
**
***
****
*****
******

Uso de la instrucción else con for loop en Python

La instrucción else es una parte fundamental de muchas instrucciones condicionales. También se utiliza en varios idiomas para la satisfacción de la condición. En Python, la instrucción else se puede ejecutar dentro de un 'for loop'.

Ejemplo:

para i en el rango(0,8):
print(i)
else:print("Excluding break statement therefore for loop completely exhaust.");

Salida:

0
1
2
3
4
5
6
7
Puesto que no hay descanso, para bucle completamente agotado

Ejemplo:

para i en el rango(0,5):
print(i)
descanso;
else:print("for loop is exhausted");
print("break se utiliza la instrucción se utiliza por lo tanto bucle se rompe")

#The instrucción break detiene la ejecución de la instrucción else.

Salida:

0

Debido a que la instrucción break se emplea el bucle está roto

Python bucle while

En general, un bucle while permite ejecutar una parte del código siempre que la condición dada sea verdadera. Por lo general, se emplea en el caso de que la cantidad de las iteraciones no se conoce de antemano.

La sintaxis se muestra a continuación.

mientras que la expresión:
Declaraciones

Las expresiones de instrucción deben ser cualquier expresión válida de Python que concluya en verdadero o false. El valor verdadero es cualquier valor distinto de cero.

Ejemplo:

i-1;
mientras que i<-12:
print(i);
i-i+1;

Salida:

1
2
3

4

5

6

7

8

9

10

11

12

Ejemplo:

i-1

número 0

b-9

número: int(input("Ingrese el número?"))

mientras que i<-10:

print("%d X %d á %d'n"%(number,i,number*i));

i i+1;

Salida:

¿Introducir el número? 20

20 X 1 x 20

20 X 2 x 40

20 X 3 x 60

20 X 4 x 80

20 X 5 x 100

20 X 6 x 120

20 X 7 x 140

20 X 8 x 160

20 X 9 x 180

20 X 10 x 200

Infinite bucle while en Python

Si la condición proporcionada en el bucle while no se convierte en falso, el bucle while nunca finalizará y el resultado será un bucle while infinito. Para tener una condición verdadera, usamos un valor distinto de cero en el bucle while y un valor cero para indicar una condición falsa.

Ejemplo:

mientras (1):
print("Hola! estamos dentro del bucle infinito while");

Salida:

¡Hola! estamos dentro del bucle infinito mientras
(infinitas veces)

Ejemplo:

var 1
mientras que var !- 2:
i - int(input("Ingrese el número?"))
impresión ("El valor introducido es %d"%(i))

Salida:

¿Introducir el número? 102
El valor introducido es 102
¿Introducir el número? 102
El valor introducido es 102
¿Introducir el número? 103
El valor introducido es 103
¿Introducir el número? 103
(bucle infinito)

Otro con Python mientras bucle

Python permite al cliente usar el bucle while con el bucle while también. Ejecuta el else cuadrado cuando la condición dada en la articulación while resulta ser falsa. Al igual que for loop, en la posibilidad de que el bucle while se rompa utilizando la explicación de interrupción, en ese momento el else cuadrado no se ejecutará, y ejecutará el anuncio presente después de otro cuadrado.

Ejemplo:

i-1;
mientras que i<-4:
print(i)
i-i+1;
else:print("El bucle while agotado");

Salida:

1
2
3
4
El bucle while agotado

Ejemplo:

i-1;
mientras que i<-5:
print(i)
i-i+1;
if(i-3):
descanso;
else:print("El bucle while agotado");

Salida:

1
2

Capítulo 5

Conceptos de Python OOPs

5.1 Conceptos de Python OOPs

Los conceptos de programación orientados a objetos de Python desempeñan un papel vital en la industria del software. Tiene todos los conceptos de programación orientada a objetos. Hay muchos otros lenguajes de la misma familia de programación principal, pero Python se basa en conceptos de OOP desde el principio. Aquí, un experto en software tiene la libertad de llamar a funciones, objetos y clases para realizar cualquier tarea de programación. Este lenguaje es muy recomendable para conceptos de ciencia de datos.

Vamos a discutir algunas partes importantes de OOPs Python:

- Marco de objetos- Calidad y métodos en Python

- Clase- Colección de Objetos

- Método- Capacidad de un objeto

- Herencia- Hereda las cualidades del objeto primario

- Polimorfismo- Múltiples estructuras

- Abstracción de datos- Calidad central de un programa

- Encapsulación: código y envoltura de datos juntos

Marco de objetos

Este marco tiene un concepto similar en programación como en el mundo real. Cualquier sustancia existente con cierta calidad es un objeto. En Python, hay un enfoque orientado a objetos en todas partes, y todos estos objetos tienen algunas cualidades y funciones específicas. Al tener cierta capacidad definida, los objetos contienen toda la información importante que se utiliza para crear una información completa orientada a los resultados.

Clase- Grupo de Objetos

La clase trata sobre el grupo de objetos. Estas clases tienen elementos con atributos específicos. Al igual que en la vida real, también definimos clases en el mundo de la programación. Por ejemplo, podemos tener una clase de estudiantes, trabajadores, oficiales, etc. Todas las clases tienen algún tipo de rasgos similares dentro de la clase.

Sintaxis para la clase

```
clase Nombre de la clase:
<declaración-1>
<declaración-2>
<declaración-N>
```

Método- Capacidad de un objeto

Método se trata de la capacidad de un objeto definido en un programa. Se basa en cuántos métodos puede tener un objeto. Se utiliza con frecuencia en la programación de Python.

Herencia- Heredar la calidad del objeto principal

Es una parte integral del lenguaje de programación Python. En la OOP, es similar al sistema de herencia tradicional en la existencia biológica humana. El objeto más joven tiene todos los rasgos y métodos. A través de este marco de trabajo, podemos desarrollar clases para usar las propiedades de los demás. Ayuda a obtener resultados mediante el uso de código único para cada clase. También ahorra tiempo y puede simplificar la sintaxis.

Polimorfismo- Múltiples estructuras

Este marco es una característica increíble de la programación orientada a objetos. Tiene un significado similar a su nombre: múltiples estructuras. Esto significa que una asignación se completa en muchos métodos diferentes.

Abstracción de datos- Calidad central de un programa

Este marco de trabajo tiene excelentes características a través de las cuales obtiene información precisa para usar para ejecutar la funcionalidad. No hay necesidad de ejecutar todo un programa para lograr resultados. Toma comandos internos y ejecuta funcionalidades. Podemos etiquetar funciones con algunos nombres y podemos llamarlos para obtener la funcionalidad.

Encapsulación: código y envoltura de datos juntos

El código encapsulado y los datos son una parte esencial de la programación. Restringe el enfoque y el código dentro de los usuarios especificados. Se hace intencionalmente para usarlo en combinación y mantenerlo seguro.

Lenguajes de programación orientados a objetos frente a procedimientos

Orientado a objetos	Programación Procesal
La programación orientada a objetos es el enfoque de pensamiento crítico y se utiliza donde el cálculo se termina mediante el uso de objetos.	La programación de procedimientos utiliza un diagnóstico de instrucciones para realizar el cálculo poco a poco.
Facilita la mejora y el mantenimiento.	En la programación de procedimientos, no es difícil mantener los códigos cuando la empresa termina siendo extensa.
Imita este elemento de realidad actual. Por lo tanto, las cuestiones verdaderas se pueden resolver eficazmente a través de oops.	No recrea esta realidad actual. Se aletea a poco; instrucciones separadas en pequeñas partes llamadas capacidades.
Da ocultación de datos. Por lo tanto, es más seguro que los dialectos de procedimiento. No se puede acceder a datos privados desde cualquier lugar.	El lenguaje de procedimiento no proporciona ningún método legítimo para el enlace de datos, por lo que es menos seguro.
Ejemplo de dialectos de programación orientados a objetos es C++, Java, .Net, Python, C, etc.	Ejemplo de dialectos de procedimiento son: C, Fortran, Pascal, VB, etc.

5.2 Python Clase y Objetos

Una clase es básicamente un elemento asumido que contiene el número de objetos. Es virtual y nos da sentido cuando lo miramos con referencia a los objetos y sus propiedades. Por ejemplo, supongamos un edificio de hospital. Tiene habitaciones, camas, equipo médico, etc. El edificio del hospital es una clase, y todas las partes del edificio son sus objetos.

En esta área del ejercicio instructivo, hablaremos sobre la creación de clases y objetos en Python. También discutiremos cómo llegar a una característica utilizando el objeto de clase.

Creación de clases en Python

Python tiene una sintaxis muy simple para las clases de clasificación. Un individuo no técnico puede hacer una clase simplemente escribiendo comandos simples.

Sintaxis

clase ClassName:
#statement_suite

Considere la siguiente guía para crear una clase Employee, que contiene dos campos como Employee id y name.

La clase también contiene un show() de capacidad que se utiliza para mostrar la información del Empleado.

Ejemplo

Empleado de la clase:
id 10;

nombre " "ayush"

pantalla def (auto):

print(self.id,self.name)

Aquí, self se utiliza como origen de una variable de perspectiva que alude al objeto de clase actual. Es consistentemente el argumento principal en la definición de capacidad. Sea como fuere, el uso de uno mismo es discrecional en la llamada de capacidad.

Creación de una instancia de la clase

Se debe crear una instancia de una clase en la posibilidad de que necesitemos utilizar las características de clase en otra clase. Se puede crear una instancia llamando a la clase con el nombre de clase.

Ejemplo:

número de identificación n.o 10;

nombre : "John"

print("Número de identificación: %d ?nNombre:

%s"%(self.id,self.name))

emp - Empleado()

emp.display()

Salida:

Número de identificación: 10

Nombre: John

5.3 Constructor Python

Es un tipo especial de método (función) que se utiliza para inicializar los miembros especificados en una clase.

Hay dos tipos de constructores:

- Constructor parametrizado

- Constructor no parametrizado

Su definición se ejecuta cuando creamos el objeto de esta clase. Los constructores comprueban que hay recursos mensurables para que el objeto realice una tarea de inicio.

Creación del constructor en Python

En Python, el método __init__ generó el constructor de la clase. Este método se utiliza cuando se crea una instancia de la clase. Podemos pasar una serie de argumentos en el momento de crear el objeto de clase, utilizando __init__ definición. Cada clase debe tener un constructor, incluso si es simplemente el constructor predeterminado.

Ejemplo:

Clase Estudiante:
conteo de 0
def __init__ (yo):
Student.count - Student.count + 1
s1-Estudiante()
s2-Estudiante()
s3-Estudiante()
print("El número de estudiantes:",Student.count)

Salida:

El número de estudiantes: 3

Ejemplo de constructor no parametrizado de Python:

Clase Estudiante:

def __init__ (mi):
print("Es un constructor no parametrizado")
def show(my,name):
print("Hola",nombre)
y - Estudiante()
y.show("Jack")

Salida:

Es un constructor no parametrizado
Hello Jack

Ejemplo de constructor parametrizado:

def __init__ (mi, nombre):
print(" constructor parametrizado")
my.firstname - nombre
def show(my):
print("Hola",mi.primer nombre)
s - Estudiante("Jack")
s.show()

Salida:

constructor parametrizado
Hello Jack

Funciones de clase inconstruidas de Python

Python tiene varias funciones de clase incorporadas. Vamos a tratar de entender su funcionalidad a través de un ejemplo.

Ejemplo:

Trabajadores de clase:
def __init__(my,name,age):
my.name nombre;
mi.edad - edad
W á worker("Jack",115,22)
print(getattr(W,'name'))
setattr(W,"age",24)
print(getattr(s,'age'))

delattr(s,'edad')
impresión(s.age)

Salida:

Jack
24
Verdad
AttributeError:No hay ningún atributo 'age' en el objetoStudent'.

Atributos de clase integrados

Una clase en Python también contiene atributos de clase (incorporados) que proporcionan información sobre la clase.

Aquí está la lista de atributos de clase incorporados:

Descripción del atributo

__dict__

Es para proporcionar el diccionario que contiene la información sobre el espacio de nombres de clase.

__doc__

Debe contener una cadena que tenga la documentación de la clase.

__name__

Tiene acceso al nombre de clase.

__module__

Accede al módulo en el que se define esta clase.

__bases__

Es tener una tupla.

Ejemplo:

```
def __init__(my,name,roll number,age):
my.name nombre;
my.rollbumber - número de rollo;
m.age - edad
def display_details (mi):
print("Name:%s, Roll Number:%d, age:%d"%(my.name,my.roll
number))
Y - Estudiante("Jack",10,17)
print(y.__doc__)
print(y.__dict__)
print(y.__module_)
```

Salida:

Ninguno
'nombre': 'Jack', 'Número de rollo': 10, 'Edad': 17o
__main__

5.4 Herencia de Python

La herencia de Python es una característica muy única del lenguaje de programación. Mejora la usabilidad del programa y el desarrollo. En este marco de trabajo, una clase secundaria puede tener acceso a las cualidades y funcionalidades de la clase primaria.

Sintaxis

clase derivada(clase base):
<suite de clase>

Considere la sintaxis siguiente.

Sintaxis

clase derive-class(<base class 1>, <base class 2>, ... <clase base n>):
<clase - suite>

Ejemplo:

clase Animal:
def hablar (sí mismo):
print("Animal Speaking")
#child clase Dog hereda la clase base Animal
clase Perro (Animal):
corteza def (auto):
print("perro ladrando")
d - Perro()

d.bark()

d.hablar()

Salida:

perro ladrando

Hablar con animales

Herencia de varios niveles de Python

Esta herencia tiene varios niveles en Python. Del mismo modo, tiene en otros lenguajes de programación. Esta característica orientada a objetos es muy útil para derivar datos de una clase y para nosotros en otra.

La sintaxis de la herencia de varios niveles:

Sintaxis:

clase class1:

<suite de clase>

clase class2(class1):

<suite de clase>

clase class3(class2):

<suite de clase>

Ejemplo:

clase Animal:

def hablar (sí mismo):

print("Speaking Animal")

#The clase secundaria Perro hereda la clase base Animal

clase Perro (Animal):

corteza def (auto):

print("perro ladrando")

```
#The clase de niño Dogchild hereda otra clase infantil Perro
clase DogChild(Perro):
def comer (auto):
print("Comer pan...")
d - DogChild()
d.bark()
d.hablar()
d.eat()
```

Salida:

perro ladrando
Hablando Animal
Comer pan...

Python Herencia múltiple

Python ofrece la posibilidad de heredar varias clases base en la clase secundaria.

Sintaxis

```
clase Base1:
<suite de clase>
clase Base2:
<suite de clase>
clase BaseN:
<suite de clase>
```

Ejemplo:

```
clase Calculate1:
def Summation(self,a,b):
```

```
devolver a+b;
clase Calculate2:
multiplicación def (auto,a,b):
devolver a*b;
clase Derive(Calculate1,Calculate2):
def Divide(self,a,b):
devolver a/b;
d - Derive()
print(isinstance(d,Derive))
```

Salida:

Verdad

Invalidación del método

Podemos dar una implementación específica del método de clase parent en nuestra clase secundaria. El uso o la definición del método de clase primaria en una clase secundaria se denomina sobre-riding método.

Ejemplo:

```
clase Banco:
def getroi(self):
devolución 10;
clase SBI (Banco):
def getroi(self):
devolución 7;
clase ICICI (Banco):
def getroi(self):
devolución 8;
a1 - Banco()
a2 - SBI()
```

a3 - ICICI()
print("Interés bancario:",a1.getroi());
print("SBI interest:",a2.getroi());
print("ICICI interest:",a3.getroi());

Salida:

Intereses bancarios: 10
Interés SBI: 7
Interés ICICI: 8

Abstracción de datos en Python

La abstracción es una parte significativa de la programación orientada a objetos. En Python, también podemos realizar la ocultación de datos agregando el doble carácter de subrayado (___) como prefijo al crédito que se va a cubrir. Después de esto, la propiedad no se notará fuera de la clase a través del objeto.

Ejemplo:

Empleado de la clase:
conteo 0;
def __init__ (yo):
Empleado.__count - Empleado.__count+1
pantalla def (auto):
print("El número de empleados",Employee.__count)
emp - Empleado()
emp2 - Empleado()
Tratar:
print(emp.__count)
Finalmente:

1emp.display()

Salida:

El número de empleados 2
AttributeError: el objeto 'Employee' no tiene ningún atributo '__count'

Método mágico de Python

El método mágico de Python se define como el método poco común que incluye "magia" para una clase. Comienza y termina con doble guiones bajos, por ejemplo, _init_ o _str_.

Las clases integradas definen numerosos métodos mágicos. La capacidad dir() se puede utilizar para ver la cantidad de métodos mágicos heredados por una clase. Tiene dos prefijos y guiones bajos de adición en el nombre del método.

Se utiliza principalmente para definir las prácticas de sobrecarga excesiva de los administradores predefinidos.

__init__

El _init_ se llama al método después de la realización de la clase; sin embargo, antes de que volvió al invitado. Se invoca sin ninguna llamada, cuando una instancia de la clase se realiza como constructores en otros dialectos de programación. Por ejemplo, C++, Java, C, PHP, etc. Estos métodos se denominan inicialización y se llaman después de _new_. Es donde debe inicializar los factores de instancia.

__str__

Esta capacidad procesa "informal" o una representación de cadena agradablemente imprimible de un objeto y debe restaurar un objeto de cadena.

__repr__

Esta capacidad es llamada por la capacidad incorporada repr() para figurar la representación de cadena "oficial" de un objeto y devuelve un retrato discernible por máquina de un tipo. El objetivo de _repr_ es ser inequívoco.

__len__

Esta capacidad debe restaurar la longitud del objeto.

__call__

Un objeto se hace invocable mediante la adición de la _call_ método mágico y es otro método que no es necesario, ya que con frecuencia es _call_.

Siempre que se define en una clase, en ese punto se puede llamar a esa clase. En cualquier caso, en el caso de que fuera una instancia de capacidad en sí misma en lugar de modificar.

__del__

De forma similar, _init_ es un método constructor, _del_ y se asemeja a un destructor. En el caso de que haya abierto un documento en _init _, en ese momento _del_ puede cerrarlo.

__bytes__

Ofrece figurar una representación de cadena de bytes de un objeto y debe restaurar un objeto de cadena.

__ge__

Este método se invoca cuando se utiliza >- administrador y devuelve Verdadero o False.

__neg__

Esta capacidad se requiere el administrador unario.

__ipow__

Esta capacidad se acerca a los tipos con argumentos. Por ejemplo, a**-b.

__le__

Esta capacidad se acerca a la correlación mediante <.

nonzero

5.5 Pila y cola de Python

Las pilas y la cola de Python son las funciones más básicas. Se utilizan para acceder a los datos y modificarlos para algún propósito. Estas estructuras de datos son famosas en el mundo del software informático. Las colas tienen una regla FIFO (First In First Out) para ordenar los datos, mientras que la pila sigue el método LIFO (Last In First Out).

Atributos de pila:

push: agrega un componente al punto más alto de la pila.

pop - Expulsa un componente desde el punto más alto de la pila.

Tareas en stack:

Adición– Aumenta el tamaño de la pila.

Cancelación: se utiliza para disminuir el tamaño de la pila.

Traversing - Implica visitar cada componente de la pila.

Cualidades:

- Se guarda la solicitud de inserción de la pila.

- Es útil para analizar las actividades.

- Se permite la duplicación.

Código

```
• Código para demostrar la implementación de
• apilamiento usando la lista
["Python-language", "Csharp", "Androidnew"]
y.push("Javaflash")
y.push("C++lang")
print(y)
print(y.pop())
print(y)
print(y.pop())
print(y)
```

Salida:

```
['Lenguaje Python', 'Csharp', 'Androidnew', 'Javaflash', 'C++lang']
```

C++lang
['Python-language', 'Csharp', 'Androidnew', 'Javaflash']
Javaflash
['Python-language', 'Csharp', 'Androidnew']

Atributos de cola

El principio First-In-First-Out (FIFO) permite que la cola tenga elementos de ambos extremos. Está abierto para entrar y soltar los componentes.

Funcionalidades básicas en cola:

enqueue: para agregar elementos.

dequeue: para eliminar elementos de la cola.

Cualidades

- La solicitud de inserción de la cola está protegida.

- Se permite la duplicación.

- Valioso para analizar las actividades de tareas de CPU.

Código

cola de importación
• La cola se crea como un objeto 'L'
Cola. Cola (tamaño máximo 10)
• Los datos se insertan en 'L' al final usando put()
L.put(9)
L.put(6)
L.put(7)
L.put(4)

• get() toma datos de
• de la cabeza
N.o de la cola
print(L.get())
print(L.get())
print(L.get())
print(L.get())

Salida:

9

6

7

4

Argumentos de línea de comandos en Python

Python se centra en proporcionar líneas de comandos para los parámetros de entrada que se pasan a los elementos con el fin de ejecutar funciones.

Mediante el uso del módulo getopt, se ejecuta esta operación.

El módulo getopt de Python

Es muy similar a otros lenguajes de programación. Se utiliza para pasar entradas a través de líneas de comandos para obtener opciones del usuario. Permite al usuario introducir opciones.

Palabra clave de Python Assert

Estas palabras clave informan al programador sobre las realidades de la ejecución del programa. Funciona con comandos condicionales.

Cuando la condición no se cumple, disminuye con la visualización de un mensaje asertivo en la pantalla, por ejemplo, "no hay datos disponibles". AssertionErrors se utilizan para definir el programa correctamente.

¿Por qué Aserción?

Es una herramienta de depuración muy recomendable. Mantiene al usuario al tanto de los códigos en cada paso. Si algunas líneas de códigos tienen errores o errores, alerta al usuario con mensaje.

Sintaxis

condición de aserción, error_message (opcional)

Ejemplo:

```
def avg(puntuaciones):
assert len(scores) !-0,"La lista está vacía."
devolver sum(scores)/len(scores)
scoresb -67,59,86,75,92]
print("The Average of scoresb:",avg(scoresb))
puntuaciones1 a []
print("The Average of scoresa:",avg(scoresa))
```

Salida:

```
El promedio de puntuaciones2: 75,8
AssertionError: la lista está vacía.
```

Capítulo 6

Módulos, Excepciones y Matrices de Python

L os módulos, excepciones y matrices de Python son una parte integral del lenguaje de programación Python orientado a objetos. En ciencia de datos, los usamos de vez en cuando para tener una mejor comprensión con el uso del código de una manera lógica. Estos métodos de programación también se utilizan en otros lenguajes de programación, y son un marco popular debido a su uso para transformar las complejidades de la programación en codificación simple. Vamos a discutirlos uno por uno.

6.1 Módulos Python

Los módulos Python son programas que tienen códigos de programación en Python. Contienen todas las variables, clases y funciones de este lenguaje único. Permiten al programador organizar los códigos en un formato adecuado que es lógicamente válido. Se pueden importar para utilizar la funcionalidad de un módulo para otro.

Ejemplo:

Ahora aquí se generará un módulo denominado como file.py que contiene una función func que tiene un código para imprimir algún mensaje en la consola.

Así que vamos a generarlo file.py.

```
#displayMsg imprime un mensaje en el nombre.
def displayMsg(name)
print("Hola "+nombre);
```

Ahora es necesario agregar este módulo en el módulo principal para llamar al método displayMsg() definido en el módulo denominado file.

Cargando el módulo en nuestro código Python

Para utilizar la funcionalidad del código Python, se carga el módulo. Python proporciona dos tipos de instrucciones como se define a continuación.

1. La declaración de importación

2. La declaración from-import

Biblioteca estándar de Python: módulos integrados

Hay un grupo ilimitado de módulos integrados de Python. Discutiremos algunos de los módulos más importantes. Estos son:

- **Aleatorio**

- **Estadísticas**

- **Matemática**

- **Datetime**

- **Csv**

Para importar cualquiera de ellos, utilice esta sintaxis:

Importación[module_name]
Eg. Importar al azar

Módulo aleatorio en Python

Este módulo se utiliza para generar números. Mediante el uso del comando random(), podemos generar números flotantes. El rango de estos números flotantes se encuentra entre 0.0 y 1.0.

Aquí están algunas funciones aleatorias importantes utilizadas en el módulo aleatorio:

La función random.randint()
Es para enteros aleatorios.

La función random.randrange()
Es para elementos seleccionados al azar.

La función random.choice()
Es para elementos seleccionados aleatoriamente de elementos no vacíos.

El módulo Estadísticas de Python
Es un módulo muy útil de Python. Proporciona datos numéricos después de realizar funciones estadísticas.

Aquí está una lista de algunas funciones muy comúnmente utilizadas de este módulo:

La función mean()
Realiza la media aritmética de la lista.

Por ejemplo:

estadísticas de importación
datalista [5, 2, 7, 4, 2, 6, 8]
a - statistics.mean(datalist)
print("La media será:", a)

Salida:

La media será: 4.857142857142857

La función median()

Da el valor medio de la lista.

Ejemplo:

estadísticas de importación
conjunto de datos [4, -5, 6, 6, 9, 4, 5, -2]
print("La mediana del conjunto de datos es : % s "
% (statistics.median(dataset)))

Salida:

La mediana del conjunto de datos es: 4,5

La función mode()

Proporciona datos comunes de la lista.

Ejemplo:

estadísticas de importación
conjuntos de datos [2, 4, 7, 7, 2, 2, 3, 6, 6, 8]
print("Modo calculado % s" % (statistics.mode(datasets)))

Salida:

Modo calculado 2

La función stdev()

Calcula la desviación estándar.

Ejemplo:

estadísticas de importación
muestras [7, 8, 9, 10, 11]
print("Desviaciones estándar de los datos de la muestra es % s "
% (statistics.stdev(sample)))

Salida:

Desviación estándar de los datos de la muestra es 1.5811388300841898

El median_low()

La función median_low se utiliza para devolver la mediana baja de los datos numéricos de la lista.

Ejemplo:

estadísticas de importación
• Lista simple de un conjunto de enteros
set1 a [4, 6, 2, 5, 7, 7]
• Imprima la mediana baja del conjunto de datos
impresión ("conjunto de datos La mediana baja es % s "
% (estadísticas.median_low(set1)))

Salida:

La mediana baja del conjunto de datos es de 5

median_high()

La función median_high () se emplea para calcular la mediana alta de los datos numéricos de la lista.

Ejemplo:

estadísticas de importación
Lista del conjunto de enteros
conjunto de datos [2, 1, 7, 6, 1, 9]
print("La mediana alta del conjunto de datos es %s "
% (estadísticas.median_high(conjunto de datos)))

Salida:

La mediana alta del conjunto de datos es de 6

El módulo matemático de Python

Este módulo contiene las funciones matemáticas para realizar cada cálculo matemático.

Aquí hay dos constantes también:

Pie (n): Una constante matemática bien conocida y se define como la relación de circunstancia con el diámetro de un círculo. Su valor es 3.141592653589793.

Número de Euler (e): Es la base de lo logarítmico natural, y su valor es 2.718281828459045.

Algunos módulos matemáticos que se dan a continuación:

La función math.log10()

Calcula el logarritmo base1 0 del número.

Ejemplo:

immatemáticas portuarias

x-13 - valor pequeño de x

print('log10(x) es :', math.log10(x))

Salida:

log10(x) es: 1.1139433523068367

La función math.sqrt()

Calcula la raíz del número.

Ejemplo:

importar matemáticas

x a 20

y 14

z á 17.8995

print('sqrt of 20 is ', math.sqrt(x))

print('sqrt of 14 is ', math.sqrt(y))

print('sqrt of 17.8995 is ', math.sqrt(z))

Salida:

sqrt de 20 es 4.47213595499958

sqrt de 14 es 3.7416573867739413

sqrt de 17.8995 es 4.230780069916185

La función math.expm1()

Este método calcula e elevado a la potencia de cualquier número menos 1. e es la base del logartismo natural.

La función math.cos()

Calcula el coseno de cualquier número en radianes.

Ejemplo:

importar matemáticas
angleInDegree 60
angleInRadian á math.radians(angleInDegree)
print('Given angle :', angleInRadian)
print('cos(x) es :', math.cos(angleInRadian))

Salida:

Angulo dado : 1.0471975511965976
cos(x) es: 0.50000000000000001

La función math.sin()

Calcula el seno de cualquier número, en radianes.

Ejemplo:

importar matemáticas
angleInDegree 60
angleInRadian á math.radians(angleInDegree)
print('Given angle :', angleInRadian)
print('sin(x) es :', math.sin(angleInRadian))

Salida:

Angulo dado: 1.0471975511965976
sin(x) es: 0.8660254037844386

La función math.tan()

Devuelve la tangente de cualquier número, en radianes.

Ejemplo:

importar matemáticas
angleInDegree 60
angleInRadian á math.radians(angleInDegree)
print('Given angle :', angleInRadian)
print('tan(x) es :', math.tan(angleInRadian))

Salida:

Angulo dado : 1.0471975511965976
tan(x) es: 1.7320508075688767

El módulo sys de Python

Este módulo proporciona acceso a funciones específicas del sistema. Cambia el entorno de ejecución de Python para permitir al usuario obtener variables y parámetros.

Necesidad de importar la función sys

En primer lugar, es necesario importar el módulo sys en el programa antes de iniciar el uso de funciones.

Función de sys.modules

Estas funciones realizan algunas tareas realmente importantes en el sistema en la programación de Python.

Función de sys.argv: Para argumentos

Función de sys.base_prefix: Para el inicio

Función de sys.byteorder: Para obtener byterorder.

Función de sys.maxsize: Para obtener un entero grande.

Función de sys.path : Para establecer laruta.

Función de sys.stdin: Para restaurar archivos.

Función de sys.getrefcount : Para obtener elrecuento de referencias de un objeto.

Función of sys.exit: Para salir del símbolo del sistema de Python.

Función del ejecutable sys: Localice el Python en el sistema.

sys.platform: Identificar la plataforma.

El módulo de recopilación de Python

Este módulo desempeña un papel importante, ya que recopila los principales formatos de datos o estructuras de datos, como list, dictionary, set y tupla. Mejora la funcionalidad de la versión actual de Python. Se define como un contenedor que se emplea para conservar colecciones de datos, por ejemplo, list.

La función de namedtuple() en el módulo de recopilación

Produce un objeto de tupla sin causar un problema con la indexación.

Ejemplos:

Juan ('John', 25, 'Male')
impresión(John)

Salida:

('John', 25, 'Hombre')

Función OrderedDict()

Genera un objeto de diccionario con clave que puede sobrescribir datos dentro.

Ejemplo:

colecciones de importación
d1-colecciones. OrderedDict()
d1['A'] 15
d1['C']-20
d1['B'] 25
d1['D']-30
para k,v in d1.items():
impresión (k,v)

Salida:

Un 15
C 20
B 25

Functin defaultdict()

Produce un objeto similar al diccionario.

Ejemplo:

> *de colecciones importar defaultdict*
> *número : defaultdict(int)*
> *número['uno'] á 1*
> *número['dos'] á 2*
> *print(number['three'])*

Salida:

> *0*

Función Counter()

Cuenta los objetos hasbale después de revisar los elementos de la lista.

Ejemplo:

> *A - Contador()*
> *Xlist [1,2,3,4,5,7,8,5,9,6,10]*
> *Contador (Xlist)*
> *Contador (1:5,2:4o)*
> *Ylist [1,2,4,7,5,1,6,7,6,9,1]*
> *c - Contador (Ylist)*
> *impresión(A[1])*

Resultado:

3

La función deque()

Facilita la adición y eliminación de elementos de ambos extremos.

Por ejemplo:

de colecciones importar deque
lista ["x","y","z"]
deq á deque(lista)
print(deq)

Salida:

deque(['x', 'y', 'z'])

Módulo del sistema operativo Python

El módulo Python OS proporciona funciones utilizadas para interactuar con el sistema operativo y también obtiene datos relacionados al respecto. El sistema operativo está bajo módulos de utilidad estándar de PythonMódulo de sistema operativo Python que le permite trabajar con los archivos, documentos y directorios. Algunas de las funciones del módulo del sistema operativo son las siguientes:

os.name
Proporciona el nombre del módulo del sistema operativo que importa.

Puede registrar 'posix', 'nt', 'os2', 'ce', 'java' y 'riscos'.

Ejemplo:

importación os
print(os.name)

Salida:

Posix

os.getcwd()
Restaura el directorio de trabajo actual (CWD) del archivo.

Ejemplo:

importación os
print(os.getcwd())

Salida:

C:'Usuarios'Python'Desktop'ModuleOS

os.error
Las funciones de este módulo definen los errores de nivel de sistema operativo en caso de nombres de archivo y ruta de acceso no válidos.

Ejemplo:

importación os
filename1 á 'PythonData.txt'
f á open(filename1, 'rU')
texto: f.read()
f.close()
print('Difícil lectura: ' + nombre de archivo1)

Salida:

Lectura difícil: PythonData.txt

os.popen()

Abre un archivo y devuelve un objeto file que contiene la conexión con la tubería.

El módulo fecha hora

Es un módulo importado que le permite crear objetos de fecha y hora. Funciona para llevar a cabo muchas funciones relacionadas con la fecha y la hora.

Vamos a entenderlo a través de un ejemplo:

Ejemplo:

fecha y hora de importación;
#returns el objeto datetime actual
print(datetime.datetime.now())

Salida:

2018-12-18 16:16:45.462778

Python leer archivo csv

El archivo de valores separados por comas (CSV)

Es un formato de archivo simple que organiza los datos tabulares. Se utiliza para almacenar datos en forma tabular ora hoja de cálculo que se puede intercambiar cuando sea necesario. Está en un formulario de datos compatibles con Microsoft Excel.

Las funciones del módulo CSV en Python

Este módulo ayuda a leer/escribir archivos CSV. Toma los datos de las columnas y los almacena para usarlos en el futuro.

La función csv.field_size_limit - Para maximizar el tamaño del campo.

La función csv.reader: para leer información o datos de un archivo csv.

La función csv.writer: para escribir la información o los datos en un archivo csv

Estas funciones tienen un papel importante en el módulo CSV.

6.2 Las excepciones en Python

Las excepciones son en realidad interrupciones que detienen el programa en ejecución. Son errores o errores en el código. En Python, estos se manejan de manera diferente.

Las excepciones comunes en Python

Estas son algunas excepciones comunes que pueden ocurrir en Python. Cada programador de Python está muy familiarizado con estos errores o excepciones.

- **La excepción de ZeroDivisionError:** cuando un número se divide por cero.

- **La excepción de NameError:** cuando no se encuentra un nombre.

- **La excepción de IndentationError:** cuando se da sangría incorrecta.

- **La excepción de IOError: cuando se produce un error en** la operación de salida de entrada.

- **La excepción de EOFError:** cuando se alcanza el final del archivo y se siguen realizando operaciones.

Excepciones no controladas

Ejemplo:

```
x-int(input("Enter a:"))
y á int(input("Enter b:"))
z a/b;
print("x/y - %d"%c)
print("Hola soy profesor")
```

Salida:

Introduzca a:10
Introduzca b:0
Traceback (última llamada más reciente):
Archivo "exception-test.py", línea 3, en <módulo>
c - a/b;
ZeroDivisionError: división por cero

El bloque finally

Se utiliza para ejecutar un código antes de la instrucción try.

Sintaxis

Tratar:

- *bloque de código*
- *Esto puede producir una excepción*

Finalmente:

- *bloque de código*
- *Esto siempre se ejecutará*

Ejemplo:

Tratar:
fileptr á open("file.txt","r")
Tratar:
fileptr.write("Hola soy bueno")
Finalmente:
fileptr.close()
print("archivo cerrado")
Excepto:
print("Error")

Salida:

archivo cerrado
Error

The Exception Raising in Python

La cláusula raise de Python se utiliza para generar una excepción.

Sintaxis

Elevar exception_class,<valor>

La excepción personalizada en Python

Permite a los programadores generar excepciones que ya se han iniciado con el programa.

Ejemplo:

```
clase ErrorInCode(Exception):
def __init__ (auto, datos):
self.data - datos
def __str__ (yo):
devolver repr(self.data)
Tratar:
elevar ErrorInCode(2000)
excepto ErrorInCode como ae:
print("Error recibido:", ae.data)
```

Salida:

```
Error recibido: 2000
```

6.3 Arreglos de Python

Array es un conjunto de elementos que se utilizan para trabajar en valores de datos específicos. Es una programación de nivel avanzado que permite a los usuarios múltiples funciones sobre estructuras de datos. A través de matrices, el código se puede simplificar, lo que ahorra mucho tiempo.

Elemento De matriz: elemento de datos almacenado en la matriz.

Array Index - Posición de un elemento.

Representación de matriz:

La declaración de matriz se puede hacer de muchas maneras diferentes.

- El índice de matriz comienza con 0.

- Elemento se puede encontrar con la ayuda de su número de índice.

- La longitud de la matriz define la capacidad de almacenamiento de los elementos.

Operaciones de matriz en Python:

Algunas de las operaciones básicas de una matriz se indican a continuación:

- **Traverse:** para imprimir todos los elementos uno por uno.

- **Inserción:** adición de elemento en Index.

- Eliminación: eliminación de elemento en el índice.

- **Buscar:** para buscar en el elemento.

- **Actualizar:** para actualizar un elemento en el índice especificado.

Generación de arreglos de discos

importación de matriz *
MyarrayName á array(typecode, [initializers])

Acceso a elementos de matriz

La accesibilidad de los elementos de matriz se puede garantizar mediante el uso de los índices respectivos de esos elementos.

matriz de importación como arr
a a arr.array('i', [1, 3, 5, 87])
print("Primer elemento:", a[0])
print("Segundo elemento:", a[1])
print("Segundo último elemento:", a[-1])

Salida:

Primer elemento: 1
Segundo elemento: 3
Segundo último elemento: 8

Las matrices se pueden cambiar y los elementos se pueden cambiar de forma similar a las listas.

Una combinación de matrices hace que el proceso sea rápido y ahorra tiempo. La matriz puede reducir el tamaño del código.

La eliminación se puede realizar mediante la instrucción **del** en Python.

La longitud de una matriz se puede describir como el número de elementos de una matriz. Devuelve un valor entero que es igual al número total de los elementos presentes en esa matriz.

Sintaxis

len(array_name)

Ejemplo:

a-arr.array('d',[1.2 , 2.2 ,3.2,3,6,7.8])
b-arr.array('d',[4.5,8.6])
c-arr.array('d')
c-a+b
print("Array c á ",c)

Salida:

Matriz c-array('d', [1.2, 2.2, 3.2, 3.6, 7.8, 4.5, 8.6])

Ejemplo:

matriz de importación como arr
x arr.array('i', [5, 10, 15, 20])
print("Primer elemento:", x[0])
print("Segundo elemento:", x[1])
print("Segundo último elemento:", x[-1])

Salida:

Primer elemento: 5
Segundo elemento: 10
Segundo último elemento: 15

Capítulo 7

Bibliotecas de Ciencia de Datos de Python y Bibliotecas Generales

En los capítulos anteriores, analizamos los conceptos importantes de Python, como estructuras de datos, funciones integradas, variables, excepciones, métodos, instrucciones para bucles e if. Ahora, estudiaremos los módulos y paquetes de Python que son importantes para cualquier proyecto.

La programación de Python y la ciencia de datos son parte integral entre sí. Python es un lenguaje increíble para la ciencia de datos y las personas que necesitan comenzar en el campo de la ciencia de datos. Refuerza innumerables bibliotecas y sistemas de clústeres para dar una decisión para trabajar con la ciencia de datos de una manera impecable y productiva. Los diferentes sistemas y bibliotecas acompañan una razón particular de uso y deben seleccionarse según su requisito previo.

7.1 Bibliotecas de ciencia de datos de Python

Una biblioteca de Python es una recopilación de capacidades y técnicas que ayudan a terminar asignaciones explícitas. Hay bibliotecas muy avanzadas empleadas por los desarrolladores para diversas tareas. Al principio, Data Science y Python se consideraban inadecuados entre sí, y ahora Python está muy conectado con estadísticas, aprendizaje automático y análisis predictivo, así como con tareas simples de análisis de datos. Es cada vez más accesible y útil día a día, ya que es un lenguaje de código abierto. Hay millones de científicos de datos que están enriqueciendo el lenguaje con herramientas a través de la codificación avanzada. Ahora, hay paquetes y bibliotecas muy avanzados que los científicos de datos están utilizando para múltiples tareas de análisis de datos.

A continuación se ofrece una breve descripción de algunas de las mejores bibliotecas de Python

Numpy

NumPy es una biblioteca de Python muy crucial implícita para el registro lógico. Acompaña el apoyo a un increíble elemento de exposición en N-dimensional y capacidades de radiodifusión.

Además, NumPy ofrece cambios de Fourier, capacidades numéricas arbitrarias y dispositivos para coordinar código C/C++ y Fortran. Tener una comprensión de trabajo de NumPy es obligatorio para los desarrolladores de pilas completas asociadas con las empresas de IA que utilizan Python.

Numpy es el paquete más fundamental, y fantástico, para trabajar con información en Python. En la posibilidad de que usted está llegando a los negocios en la investigación de la información o las empresas de aprendizaje automático, en ese momento, se requiere tener una fuerte comprensión de numpy.

Diferentes paquetes para la investigación de información (como los pandas) se basa en numpy y el paquete scikit-learn que se utiliza para ensamblar aplicaciones de IA.

¿Qué proporciona numpy?

En el centro, numpy da los fenomenales objetos ndarray; abreviatura de clústeres n-dimensionales. En un objeto 'ndarray', también conocido como 'exposición', puede almacenar numerosas cosas de información similar. Son las oficinas alrededor del objeto de exposición las que hacen que numpy sea ventajoso para realizar controles matemáticos e informativos.

Características destacadas

· Es una biblioteca muy interactiva y fácil de usar.

· Los problemas matemáticos se resuelven con facilidad.

Pandas

En Python, usamos tablas bidimensionales para analizar datos, como en SQL o Excel. Inicialmente, Python no tenía esta característica. Pero por eso Pandas es tan famoso. Sin duda, Pandas es el*"SQL de Python. "*
En resumen, Pandas es la biblioteca que nos ayudará a manejar tablas de datos bidimensionales en Python. En muchos sentidos, es similar a SQL, sin embargo.

La biblioteca de Pandas no es exclusivamente un segmento focal de la caja de herramientas de ciencias de la información, sin embargo, se utiliza para diferentes bibliotecas en esa acumulación.

Pandas se basa en el paquete NumPy, lo que significa que gran parte de la estructura de NumPy se utiliza o se duplica en Pandas. La información en los pandas se utiliza con frecuencia para reforzar el examen fáctico en SciPy, trazando capacidades de Matplotlib, y cálculos de aprendizaje automático en Scikit-learn.

Jupyter Notebooks ofrece una situación decente para utilizar pandas para hacer investigación de información y demostración, sin embargo, los pandas también pueden ser utilizados en herramientas de contenido.

Jupyter Notebooks nos permite ejecutar código en una celda específica en lugar de ejecutar todo el registro. Esto ahorra mucho tiempo cuando se trabaja con enormes conjuntos de datos y cambios complejos. Scratchpad, del mismo modo, da un método simple para imaginar los DataFrames y parcelas de los pandas.

Pandas es prominentemente conocido por dar esquemas de información en Python. Esta es una fantástica biblioteca para el examen de información, contrastada con otros dialectos explícitos como R. Mediante la utilización de Pandas, es más fácil lidiar con la información que falta, refuerza el trabajo con información archivada en contraste reunida a partir de numerosos activos, y es compatible con la disposición de información programada. También proporciona estructuras de información y de examen de información de dispositivos, como la consolidación, moldeo o corte de conjuntos de datos, y además es excepcionalmente viable al trabajar con información identificada con la disposición de tiempo. La función funciona dando aparatos abundantes para apilar información de Excel, documentos de nivel, bases de datos y un grupo HDF5 rápido.

El uso de la biblioteca Pandas hace que sea más sencillo e instintivo para los desarrolladores trabajar con datos con nombre o sociales. Ofrece estructuras de datos expresivas, rápidas y adaptables. Pandas se rellena como la estructura de nivel elevado esencial para hacer un examen de datos genuino utilizando Python.

Una de las características más destacadas y dominantes de Pandas es interpretar actividades de datos complejas utilizando direcciones insignificantes. Además, la biblioteca de IA no tiene escasez de trabajo en técnicas para consolidar, separar y recopilar datos. Además,

la utilidad de la organización del tiempo.

Características destacadas:

- Las operaciones de tipo personalizado se pueden completar fácilmente.

- La manipulación de datos se vuelve más sencilla y fácil.

- Cuando se emplea con otras bibliotecas y herramientas de Python, da excelentes resultados.

El Matplotlib

Matplotlib es una biblioteca de trazado bidimensional con módulos de representación extraordinarios para el lenguaje de programación Python. Está equipado para entregar figuras de primera categoría en varias organizaciones de versiones impresas y condiciones inteligentes entre etapas. Además de ser utilizado en python shell, python contenido, y Shell IPython, Matplotlib también se puede utilizar en:

· Cuaderno de Jupyter

· Servidores de aplicaciones web

· Cajas de herramientas GUI; GTK+, Tkinter, Qt y wxPython

Como indica el sitio oficial de Matplotlib, la biblioteca python intenta "hacer las cosas simples simples y difíciles concebibles". La biblioteca de Python de trazado 2D permite producir gráficos de barras, diagramas de errores, histogramas, trazados, diagramas de dispersión, etc. con menos líneas de código.

Probablemente la mejor ventaja es que permite el acceso visual a enormes medidas de información en imágenes efectivamente absorbibles. Matplotlib consta de algunas gráficas, como líneas, barras, dispersas e histogramas.

Matplotlib representa una biblioteca de trazado matemático en Python. Es una biblioteca que se utiliza en su mayor parte para la representación de información, incluyendo gráficas 3D, histogramas, gráficas de imágenes, diagramas de dispersión, gráficos de barras y espectros de potencia. Incluye reflejos brillantes para hacer zoom y buscar oro en varios diseños de copia impresa. Refuerza prácticamente todos los sistemas, por ejemplo, Windows, Mac y Linux. Esta biblioteca también se rellena como un aumento para la biblioteca NumPy. Matplotlib tiene un módulo pyplot que se utiliza en las representaciones, que con frecuencia se contrasta con MATLAB.

Estas bibliotecas son las mejores para que los aficionados comiencen la ciencia de la información utilizando el lenguaje de programación Python. Hay muchas otras bibliotecas de Python accesibles. Por ejemplo, NLTK para la preparación de lenguaje estándar, Patrón para minería web, Theano para el aprendizaje profundo. IPython y Scrapy para rascar se alarin en la web. Además, Mlpy y Statsmodels; el cielo es el límite a partir de ahí. Sea como fuere, para los principiantes que comienzan la ciencia de la información wihh en Python, es una necesidad absoluta estar al tanto de las bibliotecas principales.

130

Características destacadas

· Tiene propiedades prácticas, propiedades de fuente, estilos de línea, etc. a través de una interfaz orientada a objetos.

· Leyenda de Dispersión

· Interfaz MATLAB para un trazado sencillo de datos.

· Tiene soporte secundario del eje x/y para representar 2 atenuaciones.

· Es compatible con muchos sistemas operativos.

Scikit-Learn

Scikit-learn ofrece un alcance de cálculos de aprendizaje administrados y en solitario mediante una interfaz predecible en Python. Está autorizado bajo un permiso BSD reorganizado indulgente y se dispersa bajo numerosas difusoras de Linux, lo que potencia el uso escolar y empresarial. La biblioteca se basa en el SciPy (Scientific Python) que debe introducirse antes de poder utilizar scikit-learn.

Hay algunas bibliotecas de Python que dan una ejecución sólida al ámbito de los cálculos de aprendizaje automático. Destaca, entre otros, Scikit-Learn, un paquete que ofrece adaptaciones competentes de innumerables cálculos básicos. Scikit-Learn se describe como una API perfecta, uniforme y simplificada, es extremadamente útil y tiene documentación en línea completa. Una ventaja es la consistencia. Una vez que comprende el uso fundamental y la estructura del lenguaje de

Scikit-Learn para un modelo, cambiar a otro modelo o cálculo es muy directo.

Sin duda, las cosas más elegantes en Python son Machine Learning y Prescient Investigation. Además, la mejor biblioteca para eso es Scikit-Learn, que esencialmente se caracteriza a sí misma como "Machine Learning in Python". Scikit-Learn tiene algunas técnicas, que cubren fundamentalmente todo lo que puede requerir en el par de largos períodos iniciales de su profesión de información: estrategias de recaída, estrategias de caracterización y amontonamiento, aprobación de modelos y determinación de modelos.

Esta biblioteca prevalente se utiliza para la IA en ciencias de la información con diferentes cálculos de orden, recaída y agrupación. Ofrece ayuda con máquinas vectoriales, Bayes inocentes, aumento de ángulo y recaída sensata. SciKit está diseñado para interoperar con SciPy y NumPy.

Características destacadas

- Capacidad para extraer características de imágenes y texto

- Se puede utilizar de nuevo en varios contextos

Scipy

Hay biblioteca de scipy y pila de scipy. La gran mayoría de las bibliotecas y paquetes son una parte de la pila Scipy (para el procesamiento lógico en Python). Una de estas partes es la biblioteca Scipy, que da respuestas competentes para los horarios numéricos (el material matemático detrás de los modelos de IA). Estos incluyen la incorporación, introducción, mejora, etc. Scipy ofrece estrategias científicas para hacer las formas impredecibles de IA en Scikit-learn.

Es una biblioteca de código abierto utilizada para registrar diferentes módulos, por ejemplo, preparación de imágenes, unión, inserción, capacidades únicas, mejoras, matemáticas basadas en variables rectas, transformación de Fourier, agrupación y numerosas empresas diferentes. Esta biblioteca se utiliza con NumPy para realizar cálculos numéricos competentes.

Características destacadas

· Maneja cómodamente las operaciones matemáticas.

· Proporciona rutinas numéricas eficaces y eficientes, como la integración numérica y la optimización, mediante submódulos.

· Soporta procesamiento de señales.

TensorFlow

Cualquier persona que participe en tareas de aprendizaje automático de IA que utilice Python debe tener conocimiento de TensorFlow. Creada por Google, es una biblioteca de matemáticas representativa de código abierto para cálculos numéricos que utiliza diagramas de flujo de información. Las actividades científicas en un diagrama normal del flujo de información de TensorFlow son habladas por los centros de gráficos. Los bordes del gráfico hablan de las exposiciones de información multidimensional, también también clientes tensores, que se transmiten entre los concentradores de diagrama.

TensorFlow desfila un diseño adaptable. Permite a los ingenieros de Python transmitir cálculos a una o numerosas CPU o GPU en un área de trabajo, teléfono celular o servidor, sin necesidad de revisar el código. Todas las bibliotecas realizadas en TensorFlow están escritas en C y C++. Los elementos de Google ampliamente utilizados, como Google Fotos y Google Voice Search, se construyen utilizando TensorFlow. La biblioteca tiene un front-end enrevesado para Python. El código python se acumulará y después de eso se ejecutará en TensorFlow.

Características destacadas

- Permite preparar varios sistemas neuronales y numerosas GPU, haciendo que los modelos sean excepcionalmente productivos para marcos de escala enorme.

- Fácilmente entrenable en CPU y GPU para la figura diseminada.

- Flexibilidad en su operatividad, lo que significa que TensorFlow ofrece la opción de sacar las partes que necesita y dejar lo que no necesita.

- Gran nivel de soporte de red y diseñador.

- A diferencia de otras bibliotecas de Python de ciencia de la información, TensorFlow mejora el camino hacia la imaginación de cada pieza del diagrama.

Keras

Se reconoce como una de las bibliotecas de Python de IA (algoritmo) más interesantes. Keras ofrece un instrumento más simple para comunicar sistemas neuronales. También cuenta con utilidades extraordinarias para acumular modelos, preparar conjuntos de datos, imaginar gráficos y mucho más. Escrito en Python, Keras puede seguir corriendo sobre CNTK, TensorFlow y Theano. La biblioteca de IA de Python se crea con un foco esencial para permitir la experimentación rápida. Todos los modelos Keras son compactos.

En contraste con otras bibliotecas de IA de Python, Keras es moderado. Esto se debe a la forma en que hace un diagrama computacional que utiliza el marco de back-end en primer lugar, y después de eso usa el equivalente para realizar actividades. Keras es extremadamente expresivo y adaptable para hacer investigación creativa.

Características destacadas

- Estar totalmente basado en Python hace que sea fácil de solucionar e investigar.

- De naturaleza modular.

- Los modelos de sistemas neuronales se pueden unir para cada vez más complejos modelos.

- Se ejecuta fácilmente tanto en CPU como en GPU.

- Soporta prácticamente todos los modelos de un sistema neuronal, incluyendo convolucional, inserto, completamente asociado, pooling, y repetitivo.

Seaborn

Fundamentalmente una biblioteca de percepción de la información para Python, Seaborn se basa en la biblioteca Matplotlib. Además, está firmemente incorporado con estructuras de información Pandas. La biblioteca de percepción de información de Python ofrece una interfaz de estado anormal para dibujar gráficos de hecho atractivos.

El punto principal de Seaborn es hacer de la representación una pieza imperativa de investigar y obtener información. Sus capacidades de trazado organizadas por conjuntos de datos funcionan en exposiciones y bordes de información que contienen conjuntos de datos completos. La biblioteca es perfecta para inspeccionar conexiones entre numerosos factores. Seaborn fabrica todas las importantes cartografíasemánticasemánticas y colecciones medibles para crear tramas educativas. La biblioteca de representación de información de Python también tiene dispositivos para seleccionar paletas de sombreado que le guiarán en el descubrimiento de diseños en un conjunto de datos.

Características destacadas

· Estimación automática; la gráfica de modelos de recaída directa.

· Perspectivas cómodas sobre la estructura general de conjuntos de datos complejos.

· Facilita la creación de representaciones complejas, utilizando deliberaciones de estado anormales para organizar matrices de varias tramas.

· Opciones para picturing difusores bivariados o univariados.

· Soporte especializado para la utilización de factores de corte claros.

Kit de herramientas de lenguaje natural (NLTK)

Valioso para empresas de preparación y reconocimiento de diseño de lenguaje común. Se puede utilizar para crear modelos intelectuales, tokenización, etiquetado, pensamiento y diferentes asignaciones útiles para aplicaciones de IA

Características destacadas

· Viene con un etiqueta de estructura linguística.

· Apoya la evaluación léxica.

7.2 Bibliotecas generales de Python

Python se denomina "lenguaje de programación incluido en baterías". Esto implica esencialmente que acompaña a varias bibliotecas preenvasadas. En cualquier caso, hay una abundancia de diferentes bibliotecas accesibles para el lenguaje de programación traducido, estado anormal, universalmente útil.

Entre los diferentes elementos que se sumen a la prevalencia de Python, tener una reunión enorme de bibliotecas es notable. Cuantas más bibliotecas y paquetes tenga a su disposición un lenguaje de programación, más diversos será el caso de uso que pueda tener.

Solicitudes

Una de las bibliotecas generales de Python más prominentes son las solicitudes que hacen que la demanda HTTP sea menos difícil y cada vez más con capacidad para los humanos. Autorizado bajo el permiso Apache2 y escrito en Python, Requests es el verdadero estándar utilizado por los ingenieros para hacer demandas HTTP en Python.

No obstante utilizar la biblioteca De peticiones para enviar solicitudes HTTP a un servidor, también permite incluir información de estructura, contenido, encabezado, documentos de varias partes, etc. Con la biblioteca, los diseñadores no necesitan agregar una pregunta a la dirección URL o la estructura codifican la información POST físicamente.

La biblioteca Requests abstrae las diversas complejidades de realizar demandas HTTP en una API básica para que los diseñadores puedan concentrarse más en la comunicación con las administraciones. La biblioteca ofrece soporte de autoridad para Python 2.7, 3.4 o más y también funciona increíblemente bien en PyPy.

Características destacadas:

· Permite transferencias de registros multiparte y descargas de derrames.

· Desenredado automático de sustancias y descompresión programada.

· Confirmación SSL de estilo navegador.

· Las características se pueden modificar y mejorar de acuerdo con los requisitos previos.

- Keep-Alive and Connection Pooling Soporta dominios y direcciones URL internacionales.

Almohada

Python Imaging Library o PIL es una biblioteca gratuita de Python que agrega una imagen que prepara la capacidad al intérprete de Python. En términos básicos, PIL permite el control y la apertura, y diferentes registros de imágenes organizados en Python. Hecho por Alex Clark y Colaboradores, Pillow es un tenedor de la biblioteca PIL.

A pesar de ofrecer increíbles habilidades de manejo de imágenes, Pillow ofrece un poderoso soporte de representación interna y amplio récord. La biblioteca central de Python está diseñada para ofrecer un acceso rápido a la información.

Características destacadas:

- Refuerzo eficaz de la investigación utilizando la estrategia show().

- Ideal para aplicaciones de manipulación en grupo.

- Identifica y examina un gran alcance de los diseños de documentos de imagen.

- Ofrece interfaces BitmapImage, PhotoImage y Window DIB.

- Admite cambios relativos discrecionales, transformaciones de espacio de sombreado, separación con muchas partes de convolución implícitas, cambio de tamaño y torneado de imágenes y actividades de puntos.

- La técnica del histograma permite sacar algunas mediciones de una imagen, y se puede utilizar para la actualización programada y la investigación fáctica mundial.

Scrapy

Scrapy es una estructura de Python gratuita y de código abierto que se utiliza ampliamente para arañazos web y varias asignaciones diferentes, incluyendo pruebas mecanizadas y minería de información. Al principio, Scrapy fue creado para rascarse en la web, pero ha avanzado para satisfacer diferentes propósitos. La biblioteca ofrece una estrategia de estado rápida y anormal para los sitios rastreros y la separación de información organizada de las páginas del sitio web.

Escrito en Python, Scrapy se basa en errores que son esencialmente rastreadores independientes, que reciben muchas pautas. Cumpliendo con la norma DRY, Scrapy facilita el montaje y la escala de empresas de deslizada por internet.

Características destacadas:

- Fácil de componer un insecto para deslizar un sitio y concentrar la información.

- Sigue la regla DRY.

- Ofrece una carcasa de deslizante web que permite a los ingenieros probar la conducta de un sitio.

- Admite el envío de información rayada utilizando la línea de dirección.

Tkinte

Cuando se utiliza con Tkinter, Python ofrece una ruta sencilla y rápida para crear aplicaciones GUI. Se considera la biblioteca GUI estándar para el lenguaje de programación Python. Ofrece una increíble interfaz situada para la caja de herramientas Tk GUI. Hacer una aplicación GUI utilizando Tkinter es simple. Usted puede simplemente perseguir estos avances básicos:

- Importar Tkinter

- Cree la ventana principal para la aplicación GUI; un trabajo en curso

- Añadir al menos un widget Tkinter

- Introduzca el círculo del titular para hacer un movimiento para cada ocasión activada por el cliente.

Tkinter es una biblioteca de interfaz gráfica de usuario (GUI) que tiene potentes módulos para crear una interfaz de usuario.

Características destacadas:

- Viene con un alcance de gadgets que ayudan a la geometría de las estrategias del ejecutivo.

- Facilita la creación de aplicaciones GUI.

- Admite una potente interfaz orientada a objetos.

Seis

Debido al hecho de que es la biblioteca de Python más simple, Six es una increíble biblioteca de Python que está diseñada para suavizar los contrastes entre diferentes Python 2 y Python 3. Six se utiliza para admitir bases de código que pueden funcionar en Python 2 y Python 3 sin necesidad de ajustes.

Las seis bibliotecas son súper simples de usar debido a que se ofrecen como un documento solitario de Python. Por lo tanto, es absurdamente sencillo duplicar la biblioteca en una empresa de Python. El nombre Six refleja (Python) 2 x (Python) 3.

Características destacadas:

· Capacidades de utilidad simples

7.3 Marcos de ciencia de datos de Python

Los marcos de Python proporcionan una gran utilidad a los desarrolladores porque se consideran herramientas necesarias para ahorrar tiempo. Permiten a los ingenieros de software entregar productos más rápido al proporcionar una estructura ya hecha para el desarrollo de aplicaciones y al reducir el número de código.

Los marcos de trabajo permiten a los desarrolladores ser rápidos y receptivos para el desarrollo de aplicaciones. También permiten a los ingenieros de software reducir el número de códigos empleados.

Tipos de marcos de Python

Marco de pila completa

El marco de trabajo de pila completa proporciona a los desarrolladores la utilidad de una solución de una sola parada. Estos son los siguientes:

- Django

- Pirámide

- Turbo engranajes

- Web2py

- Cubicweb

- Giotto

- Pilón

Django

Django es uno de los marcos de Python más excepcionales y adaptables utilizados. Este marco de trabajo de código abierto de pila completa se centra en disminuir la mejora del tiempo de aplicación web. Esto se logra a través de un sistema de código abierto. El sistema está liberando continuamente nuevos módulos y código para desentrañar la metodología.

Django tiene varios módulos con una disposición para acceder a las funciones de las bibliotecas externas. Es un marco muy popular debido a su gran cantidad de funciones. Los programadores prefieren utilizar este marco en sus programas, ya que es realmente de apoyo. Quieren promoverlo entre los programadores especialistas para mejorar su innovación y acceso a las bibliotecas de código abierto.

Características destacadas

- Gran cantidad de bibliotecas fácilmente disponibles.

- Los servidores web reciben soporte y asistencia con él.

- Permite el enrutamiento de URL obligatorio.

TurboGears

Este marco de trabajo también es de código abierto y espera hacer que la progresión de aplicaciones web sea un proceso mucho más suave y rápido.

El marco de trabajo se basa en Ruby en los rieles y se construyó utilizando el plan de controlador de vista de modelo. Permite a los creadores rerazonar los conceptos básicos del negocio en todas las etapas y reducir la proporción de código hecho.

A los creadores les gustaría lanzar un "modo insignificante" más adelante, que se rellenará como un marco de menor escala. Esta variación reducida permitirá a los expertos crear programación directa rápidamente y ahorrar tiempo y dinero en efectivo.

Características destacadas:

- Decoradores de funciones: se implementan todas las características.

- Tiene línea de comandos.

- Integración con la biblioteca JavaScript de MochiKit.

- Soporta multibases de datos.

- Arquitectura de estilo MVC.

Pirámide

Pyramid es un marco de Python ultraversátil y ligero. Los desarrolladores utilizan, como regla, Pyramid para que las aplicaciones web básicas funcionen completamente lo antes posible.

La comercialización detrás de Pyramid implica que el marco es "el comienzo cerca de nada, completo gigantesco, mantener el marco terminado." Funciona como lo demuestra el estándar de control, lo que lo convierte en una elección alucinante para especialistas experimentados.

Características destacadas:

- Versatilidad en la autorización.

- Proporciona decoradores para funciones.

- Renderizadores incorporados disponibles.

CubicWeb

Diseñado y generado por Logilab, CubicWeb es un sistema web permitido para utilizar, semántico, de código abierto, basado en

Python. En vista del modelo de información, CubicWeb requiere el equivalente caracterizado para construir una aplicación útil.

No en absoluto como otras estructuras famosas de Python que la utilización de perspectivas y modelos separados; tiene CubicWeb utilizado bloque. Varias formas 3D se consolidan para hacer una ocasión con la ayuda de una base de datos, un servidor web y algunos documentos de diseño.

Características destacadas:

- Soporte OWL (Web Ontology Language) y RDF (Resource Description Framework).

- Los componentes son reutilizables.

- Procesos de trabajo de seguridad.

- Simplifica las preguntas relacionadas con la información con RQL (Relational Query Language).

- Soporte para numerosas bases de datos.

Giotto

A la luz del diseño del controlador de vista de modelo, Giotto es un sistema de aplicaciones para Python. Para permitir que los especialistas en sitios web, los ingenieros web y los administradores de marcos de trabajo trabajen de forma autónoma, Giotto aísla los componentes Model, View y Controller.

Giotto incorpora módulos de controlador que permiten a los clientes crear aplicaciones a través de la web, IRC (Internet Relay Chat) y línea de pedido.

Características destacadas:

- Dirección automática de URL.

- Estabilidad de la base de datos con SQLAlchemy.

- Código extremadamente conciso.

- Diseños CRUD funcionales.

- Modelos y perspectivas genéricos.

- Reserva incorporada con ayuda para Memcache y Redis (API disponible para ampliar el soporte para diferentes motores).

- Jinja2 para diseños HTML (API accesible para admitir otros motores de formato).

Arco

Pythons Framework es una estructura de código abierto de Python que reúne las concentraciones con respecto a la mejora rápida de las utilizaciones. La estructura está planificada uniendo probablemente los mejores componentes y propiedades de dialectos como Perl, Python y Ruby.

Es accesible aunque en modo de soporte. Algunos diseñadores todavía utilizan el sistema Pylons debido a su capacidad para ofrecer una estructura excepcionalmente adaptable para la mejora de la web. Para avanzar en la reutilización, la estructura de pila completa utiliza WSGI (Web Server Gateway Interface).

Características destacadas:

- Validación y generación de formularios HTML.

- Rutas.

- Plantillas basadas en texto.

- Envío de URL.

- La asignación de URL depende de la configuración de Routes mediante WebHelpers.

Micro marcos

Los marcos de escala miniaturizados no ofrecen funcionalidades y aspectos destacados adicionales. Por ejemplo, capa de deliberación de base de datos, aprobación de estructura y aparatos y bibliotecas explícitos. Los desarrolladores que utilizan un marco de escalado miniaturizado incluyen muchos códigos y necesidades adicionales, como:

- Frasco

- Botella

- Cherrypy

- Guión

- Halcón

- Abrazo

- Morepath

- Pycnic

Frasco

Permite a los desarrolladores crear un establecimiento de aplicación web seguro desde donde se convierte en un potencial para utilizar las expansiones necesarias. El marco de escala miniaturizado es perfecto con Google App Engine. Probado por el marco Sinatra Ruby, el marco de escala miniaturizado requiere diseño Jinja2 y caja de herramientas Werkzeug WSGI. Flask es versátil para los clientes dada su estructura ligera y medida.

Características notables:

- Depurador rápido integrado.

- Servidor de avance incorporado.

- Plantillas Jinja2.

- Soporte para conectar cualquier ORM.

Botella

Botella crea un registro de origen para cada aplicación que lo utiliza. Aparte de la biblioteca estándar de Python, Bottle no muestra las condiciones necesarias para crear pequeñas aplicaciones web.

De las numerosas preferencias de la utilización de Botella, la verdadera es que permite a los desarrolladores trabajar cerca del equipo. A pesar de la construcción de aplicaciones de uso individual miope, Bottle es un adecuado para el aprendizaje de la asociación de marcos web y prototipos.

Características destacadas:

- Soporte de adaptador es para motores de formato outsider y servidores WSGI/HTTP

- Soporte de plugins para varias bases de datos

- Proporciona cursos de distribución de demanda con compatibilidad con parámetros URL

CherryPy

CherryPy es un notable framework Python de código abierto y orientado a objetos. Cualquier aplicación web controlada por CherryPy es una aplicación gratuita de Python con su propio servidor web integrado de múltiples colgados y continúa ejecutándose en cualquier sistema operativo con asistencia para Python.

No hay ningún requisito previo para un servidor Apache para ejecutar aplicaciones realizadas con CherryPy. El marco de trabajo de pequeña escala permite a los desarrolladores utilizar cualquier avance para los datos y la creación de plantillas.

Características destacadas

- Una serie de instrumentos fuera de la caja para la afirmación, el ahorro, la codificación, las sesiones, la sustancia estática y mucho más

- Un marco de módulo sensuido versátil

- La consideración, la generación de perfiles y las pruebas se realizan con la ayuda del soporte integrado.

- Ofrece sencillez para ejecutar diferentes servidores HTTP simultáneamente

- Tiene un marco de estructura robusto

Guión

Run es una estructura de código abierto basada en Python para estructurar aplicaciones perspicaces basadas en la web. Este marco de trabajo es ideal para analistas de datos que no están en la mecánica de mejora web.

Características destacadas:

- No hay código estándar para iniciar

- La personalización es de alto nivel

- Contiene soporte de plugins.

- tiene una interfaz simple para atear controles de interfaz de usuario, incluyendo menús desplegables, contornos y controles deslizantes

- Coordinación de URL (Servidor de implementación de Dash)

Halcón

Falcon es una estructura Python ampliamente utilizada en todo el mundo. Es micro-framework que habilita modelos HTTP y REST para programadores Python con licencia.

Como indica la prueba de referencia impulsada por Sanic, Falcon puede gestionar más solicitudes que todos los demás micromarcos. El marco de Python tiene la intención de tener una incorporación de código del 100%. Aves de presa es utilizado por tremendos jugadores como LinkedIn, OpenStack y RackSpace.

Características destacadas:

- Una base de código extensible e increíblemente optimizada.

- DRY solicitando planificación a través de secciones de middleware y capturas.

- Ayuda de velocidad extra con el soporte de Cython.

- Pruebas unitarias por medio de asistentes y ridiculizaciones de WSGI

Abrazo

El Hug está diseñado para permitir a los ingenieros de Python crear una API. La estructura de Python optimiza la mejora de la API a través de varios métodos para ofrecer varias interfaces. Se marca como la estructura web más rápida para Python 3.

Ya sea que esté haciendo un avance en el vecindario o a través de HTTP o usando la CLI, Hug le da la oportunidad de terminar las mejoras de la aplicación de forma rápida y eficaz. Para llevar la ejecución al siguiente nivel, Hug devora los activos justo cuando es necesario y usa Cython para el arreglo.

MorePath

Se marca como "Too Powered Python Web Framework,". MorePath garantiza una impresión de acuerdo insignificante. Está previsto explícitamente para que la gran mayoría de la ejecución del molino pase por los casos y ejecute lo antes posible, incluidas las estructuras de datos de Python normales que se inician en RESTful Web Services.

El micro framework, MorePath, es un sistema web genuinamente adaptable basado en modelos.

Características destacadas:

- Todas las perspectivas son convencionales.

- Viene con todos los aparatos esenciales para crear administraciones web descansadas

- Crear configuraciones de usuario convencionales es tan básico como la subclase

- Extensible con un instrumento de expansión y abrogate directo, lúcido y general

- Autorizaciones flexibles, directas y sorprendentes

Pycnic

Pycnic es un micro framework orriented de objeto aceptado como el más rápido para las API basadas en JSON de estructura. El sistema de API basado en JSON, poco, independiente y optimizado, puede mantener su terreno entre los enormes actores. Dado que Pycnic hace solamente las API web, tiene una impresión insignificante y de esta manera, es rápido.

Características destacadas:

- Error incorporado que se ocupa de

- Capaz de ocuparse de las solicitudes basadas en JSON

- Maneja el enrutamiento

Marco asincrónico

Un marco asincrónico es un micromarco que permite controlar un amplio conjunto de conexiones simultáneas. Normalmente, un marco asincrónico creado para Python utiliza la biblioteca asyncio del lenguaje de programación.

- Sanic

- Tornado

- Growler

Tornado

El Tornado es un sistema Python de código abierto y una biblioteca de organización no simultánea. Tiene varias características que se centran en los procesos de autenticación y autorización. Mientras resuelve el problema C10k (que tiene la intención de tratar con asociaciones de 10k en algún momento aleatorio), la estructura única utiliza un sistema de E/S sin bloqueo.

El sistema Python fue hecho inicialmente para una organización llamada FriendFeed, que fue adquirida por Facebook en 2009. El Tornado es considerado como un dispositivo perfecto para aplicaciones de estructura que solicitan clientes superiores y unos pocos miles de clientes simultáneos.

Características destacadas

- Permite la implementación de esquemas de autenticación y autorización de 3a parte

- Proporciona una salida de alta calidad

- Servicios en tiempo real

- Soporta traducción y localización

- Soporte de autenticación de usuario

- Tiene Templarios Web

Growler

Aspirado por los sistemas NodeJS y Express/Connect, Growler es una estructura web a pequeña escala compuesta en la biblioteca asyncio de Python. A diferencia de otros sistemas Python ordinarios, las demandas en Growler no se cuidan en la estructura.

Una decisión principal entre los sistemas Python para la actualización efectiva y rápida de aplicaciones complejas, Growler fue creado inicialmente para averiguar cómo utilizar la biblioteca asyncio en sus niveles más reducidos.

Características destacadas

- Fácil de usar para montar el flujo del programa

- Apoyo a paquetes de código abierto

- La sintaxis del código es limpia, ya que utiliza decoradores

AIOHTTP

Es un marco de Python dominante que tiene características únicas: async y awaits. Utiliza la biblioteca asyncio, por eso se conoce como un marco asincrónico. Es un marco de servidor y cliente.

Características destacadas

- Permite construir eficazmente las vistas

- Soporte técnico en los medios

- Enrutamiento enchufable

- Mejores señales

Capítulo 8

Intérpretes de Python, Compiladores, IDEs y Editor de Texto

Los intérpretes de Python, compiladores, IDEs y Editor de texto desempeñan un papel obligatorio en la programación de Python. Tiene múltiples aplicaciones para ejecutar cálculos complejos importantes en un método muy simplificado.

8.1 Intérpretes de Python

En Python, muchos intérpretes trabajan para alinear, manipular y refinar los códigos de programación. Python se emplea y ejecuta de diferentes maneras. La programación de Python se lleva a cabo con la ayuda de una gran cantidad de intérpretes. Este lenguaje de programación de alto nivel es muy fácil de entender y ejecutar.

Se representa como un programa que ejecuta las directrices escritas como códigos. La ejecución se realiza directamente por lo que se puede decir que no hay necesidad de que las directrices se pongan en cualquier software de programación.

La siguiente es una lista de los mejores intérpretes utilizados en el lenguaje de programación Python:

Intérprete- CPython:

Soporta hasta 3.7 versión de Python. CPython es el intérprete comúnmente disponible del lenguaje Python. Proporciona una capacidad externa para muchos software.

CPython se puede denominar un compilador.

Es muy favorable a todas las plataformas y proporciona una experiencia fluida a todos los usuarios. Este intérprete es famoso debido a las altas demandas de los ingenieros de software, profesionales y expertos en lenguaje informático.

Intérprete- IronPython

IronPython es uno de los intérpretes más utilizados del lenguaje Python. Fue generado por Jim Hugunin y fue responsable de su actualización a la versión 1.0 que fue lanzada en 2006. Después de la versión 1.0, Microsoft la ha mantenido. IronPython tiene numerosas características, con la más prominente es que está completamente escrito en lenguaje C. La mayoría de los códigos se generan automáticamente con la ayuda de un generador de código que está escrito en Python.

El intérprete de IronPython tiene una afiliación con dos bibliotecas: Python y .NET Framework. Posee herramientas que lo conectan directamente con estudio visual. Esta característica de IronPython es bastante única, y debido a esto, es muy demandada por los desarrolladores de programas, ya que les da la utilidad del estudio visual también. La consola de Python también es muy interactiva. Además, permite formas dinámicas de interpretar otros idiomas

Intérprete- Jython

Jython es un intérprete que anteriormente se llamaba JPython. Jython se implementa en la plataforma de Java. Jython fue desarrollado a finales de la década de 1990 para cambiar C con Java para mejorar el rendimiento. Jython contiene excelentes especificaciones y características. Tiene la función de compilación dinámica y estática que permite a los ingenieros de software realizar múltiples tareas. Program en Jython utiliza scripts y módulos Java en lugar de utilizar los módulos de Python.

Otra característica destacada de Jython es que vincula la base de datos Python con Java Virtual Machine.

Jython permite a los usuarios importar cualquier clase Java, como el módulo Python. Los desarrolladores pueden escribir códigos primero en Java y luego transformarlos en Python. Debido a esta capacidad, se considera como una de las mejores opciones de desarrolladores en todo el mundo.

Intérprete-PyPy

Pypy es muy rápido y se utiliza como una alternativa para el lenguaje Python. Fue creado en 2002. Su característica principal es que está estrechamente relacionado con CPython en contexto con la ejecución y la visualización. La última versión de Python es más rápida que CPython. Una razón principal para ello es que CPython actúa solo como un intérprete, y PyPy también se puede utilizar como un compilador. Es más flexible, versátil y eficiente que CPython, y soporta muchos códigos para el lenguaje Python, así como otros lenguajes. Pypy también da soporte a lenguajes dinámicos. Por eso es favorito para todos los programadores.

Intérprete- Python sin apilamiento

Stackless Python es otro tipo eficiente de intérprete. Fue lanzado en 1998. Soporta hasta Python Versión 3.7. Evita el uso de la pila C. Stackless Python tiene una característica predominante de micro-hilos. La característica permite evitar la carga de la sobrecarga asociada con los subprocesos del sistema operativo estándar. Stackless Python ayuda con los canales de comunicación y la programación de tareas rutinarias. Stackless Python se utiliza en la programación de juegos. Varias bibliotecas de Python también lo utilizan. La mayoría de las características de Python sin apilamiento también tienen semejanza con Pypy.

8.2 Compiladores en Python

Un compilador es un software de traductor de código que transforma el código de un lenguaje de programación a otro. Hay muchos compiladores en Python que tienen un sistema de conversión de lenguaje especificado. Se utilizan para hacer que el programa ejecutable a través de formato, alineación, y corrección de código.

El compilador CPython es uno de los mejores compiladores reconocidos por programadores y funcionarios de la industria de TI.

Algunos otros buenos compiladores de Python

El compilador brython

Python tiene varios compiladores de código, pero Brython es uno de los mejores compiladores que convierte el código escrito en Python en lenguaje JavaScript. Este extraordinario compilador tiene una capacidad única para transformar el código y trabajar como editor para lograr resultados rápidamente.

Además, ofrece asistencia para un par de módulos, que tienen un lugar con el CPython. Es muy favorable a muchos otros idiomas y sus nuevas versiones.

Se utiliza para la programación web del lado del cliente. Brython es una compresión para Browser Python. Hace alarde de una amplia utilidad, desde la creación de componentes de registro directos y el movimiento a la ruta 3D. El compilador de Python prefiere ejecutarse en Firefox a través de Google Chrome. Brython ofrece ayuda para cada programa actual, y es versátil para todos los navegadores de Internet.

Como indica el blog oficial de Pierre Quentel, fabricante y diseñador principal de Brython, Brython es mucho más rápido que Pypy.js y Skulpt. En casos específicos, el compilador de Python es considerablemente más rápido que el uso de referencia de Python. Por ejemplo, CPython.

Brython refuerza la parte más significativa de la estructura de oraciones de Python 3, como percepciones, generadores e importaciones. Además, ofrece ayuda para algunos módulos que tienen un lugar con la difusión de CPython y acompaña a las bibliotecas para cooperar con los componentes y ocasiones de DOM.

El compilador Nuitka

Nuitka es otro compilador de Python que toma código escrito en lenguaje Python como entrada y lo transforma en lenguaje C para ejecutarlo. El compilador Nuitka es accesible para muchos sistemas operativos y plataformas. Es un compilador actualizado que es muy amigable con Windows, Mac y otros sistemas operativos.

Es concebible utilizar Nuitka para crear proyectos independientes, a pesar de que no esté ejecutando Python en su máquina.

Compuesto totalmente en Python, Nuitka permite utilizar diferentes bibliotecas de Python y módulos de expansión. Nuitka es además accesible con Anaconda para aquellos que se inclinan hacia ella para crear tareas como la ciencia de la información y la IA.

El compilador PyJS

PyJS Compiler es un tipo diferente de compilador de Python. Los profesionales en el campo de la programación lo utilizan en su mayoría. Cambia el código escrito en Python en javascript. Se utiliza especialmente para ejecutar código en programas web.

PyJS proporciona soporte en tiempo de ejecución, por lo que se recomienda para programas basados en web. Para aquellos que esperan componer código Python y ejecutarlo en navegadores de Internet, PyJS es una de las alternativas de destino. El compilador PyJS interpreta el código Python en un código JavaScript proporcionado con el objetivo de que se pueda ejecutar dentro de un explorador de Internet.

Una parte importante de PyJS es que acompaña a un sistema AJAX que llena los agujeros dejados entre JS y DOM reforzar accesible para varios navegadores de Internet.

Es concebible ejecutar un código fuente de la aplicación web de Python como una aplicación de área de trabajo independiente (que se ejecuta bajo Python) utilizando el módulo PyJS Desktop. Curiosamente, varios marcos Unix destacan las variantes de escritorio PyJS y PyJS preinstaladas.

Independientemente de los contrastes entre Python y JavaScript, una gran parte de los tipos de información son indistinguibles entre los dos dialectos de programación prevalentes. Al utilizar PyJS, una parte de los tipos de información de Python se cambian a artículos personalizados, por ejemplo, registros.

PyJS es una aplicación ligera. Además, tiende a ser utilizado legítimamente desde el navegador de Internet y permite la ejecución de programas desde un navegador de Internet. El compilador PyJS ofrece compatibilidad en tiempo de ejecución para errores en tiempo de ejecución. Como es concebible insertar código Python en el código JS. Los ingenieros de JS pueden planificar y crear aplicaciones en un artículo sin adulterar organizado visión del mundo utilizando PyJS.

El compilador Shed Skin

Transforma un código creado estáticamente de Python en un programa C++ proporcionado y sin adulterar. Shed Skin no ofrece asistencia para algunos aspectos destacados regulares, utilizando límites establecidos y describiendo límites que reconocen argumentos variables. Se utilizan muy pocas bibliotecas con este compilador.

Shed Skin se utiliza para desenredar código formado estáticamente en Python en código revisado de lenguaje C/C++ con un par de represiones. El uso de Shed Skin es beneficioso porque se trata de soporte de pantalla esencial. Es esencialmente un resultado directo de la forma en que el compilador de Python ha re-actualizado los tipos de datos trabajados en un plan de clases de uno de los tipos, ejecutados en código C++ convincente.

El Compilador Skulpt

Skulpt tiene el uso en el programa de Python y módulos. Este compilador ejecuta el código escrito directamente en el explorador web, lo que hace que el código sea más ejecutable en tiempo de ejecución. Este compilador Skulpt se introduce en un blog actual o página de sitio también. El código SKULPT también se utiliza en HTML. Escrito en JavaScript y accesible bajo el permiso del MIT, Skulpt ofrece una situación real donde el código reunido se ejecuta en la estructura JS.

Dado que Skulpt es un uso dentro del programa de Python, no hay ningún requisito para la preparación adicional, módulos o ayuda del lado del servidor necesaria para ejecutar Python en un navegador de Internet. Cualquier código Python escrito en Skulpt se ejecuta directamente en el navegador de Internet.

Skulpt es una opción decente para los ingenieros que esperan hacer una aplicación web que permite a los clientes ejecutar programas Python dentro de un navegador de Internet mientras mantienen los servidores de la base seguros. El conocido compilador de Python también se puede implantar eficazmente en un blog o página web actual.

Para la coordinación personalizada, el código Skulpt se puede agregar al HTML. También puede indicar a Skulpt cómo importar sus módulos personalizados únicos para tener más control. Aunque Skulpt hace una interpretación del código Python en código JS, no recomienda ejecutar esto.

El compilador WinPython

WinPython está hecho para el marco de trabajo de Windows. Su versión anterior tiene muchos errores, y no eran compiladores bien planeados para el sistema operativo Windows. WinPython fue presentado como una respuesta al problema. A pesar de la forma en que el énfasis actual de CPython es significativamente duradero en el marco de trabajo de Windows, tiene un par de aspectos destacados selectos. Es transporte gratuito para Python; necesita descargarlo y vaciarlo para comenzar. Viene preempaquetado con probablemente las bibliotecas de Python de aprendizaje automático y ciencia de datos más conocidas.

8.3 IDE de Python

Un IDEs (Entorno Integrado de Desarrollo) es para el desarrollo de la programación, e incorpora algunos instrumentos explícitamente destinados al desarrollo de la programación. Estos aparatos suelen incluir:

- Un gestor editorial diseñado para tratar el código (con, por ejemplo, estructura linguística con y auto-culminación)

- Fabricación, ejecución y solución de problemas de aparatos

- Un poco de control de código fuente

La mayoría de los IDE refuerzan una amplia gama de dialectos de programación y contienen muchos más aspectos destacados. Pueden, de esta manera, ser enormes y dejar de lado algunos esfuerzos para descargar e introducir. También puede necesitar información propulsada para utilizarlos adecuadamente.

Por el contrario, un administrador de código comprometido puede ser tan primario como una herramienta de contenido con estructura linguística y capacidades de diseño de código. La mayoría de los editores de código excelentes pueden ejecutar código y controlar un depurador. Los mejores absolutos también cooperan con marcos de control de código fuente. En contraste con un IDE, un gran supervisor de código dedicado suele ser más pequeño y más rápido.

El IDE acortado del Entorno de Desarrollo Incorporado se caracteriza por ser un aparato de codificación que ayuda a mecanizar la maravilla de alterar, ensamblar, probar, etc. en un SDLC, y da una sensatez al ingeniero para ejecutar, componer y investigar el código.

Algunos IDE de Python incluyen:

- PyCharm

- Spyder

- PyDev

- Átomo

- Ala

- Cuaderno de Jupyter

- Thonny

- Microsoft Visual Studio

- Eric Python

Los IDE PyCharm

Un Entorno de desarrollo integrado PyCharm entre etapas destinado extraordinariamente a Python. Se utiliza en todo el mundo y es accesible tanto en forma de pago como de código abierto gratuito.

PyCharm es un IDE completo con características únicas, como el fruto del código automático, la ruta de la empresa enérgica, la comprobación y remedio rápidos de errores, el soporte de avance remoto y la disponibilidad de la base de datos.

Características destacadas:

- Proporciona una ruta de código eficiente

- Resalta significativamente los errores

- Depuración eficaz.

Los IDE Spyder

Es mejor para el científico de datos, ya que es un IDE de código abierto. El nombre completo de Spyder es Scientific Python Development Environment. Es compatible con Linux, Windows y macOS X. Spyder viene incluido con la dispersión del director del paquete Anaconda, por lo que dependiendo de su disposición, es posible que ya lo tenga en su máquina.

Lo que es fascinante acerca de Spyder es que su grupo de interés previsto es los investigadores de información que utilizan Python. Por ejemplo, Spyder coordina bien con las bibliotecas de ciencia sciencia de la información estándar de Python como SciPy, NumPy y Matplotlib.

Spyder incluye la gran mayoría de las "funciones básicas de IDE" que puede esperar. Por ejemplo, un administrador de código con una estructura de lenguaje sólida con cumplimiento de código Python e incluso un programa de documentación incorporado.

Un elemento diferente que no he visto en otras condiciones de alteración de Python es el "viajero variable" de Spyder que le permite mostrar información utilizando un diseño basado en tablas directamente dentro de su IDE. Poco a poco, yo más a menudo que no requieren esto; sin embargo, se ve impecable. En la posibilidad de que usted hace rutinariamente el trabajo de ciencia de la información utilizando Python, usted puede llegar a ser irremediablemente enamorado con este elemento notable. La combinación IPython/Jupyter también es decente.

En general, yo diría que Spyder se siente más esencial que diferentes IDE. Me gusta verlo más como un dispositivo de razón específica en lugar de algo que utilizo como mi condición de alteración crítica cada día. Lo que es decente acerca de este IDE de Python es que es accesible en Windows, macOS y Linux y que es un programa de código abierto.

Características destacadas:

- Sintaxis de calidad adecuada

- IPython Integrado

El IDE de PyDev

Es el IDE de Python más demandado. Para los desarrolladores de Python, es un IDE innegable. Pydev tiene un componente que incorpora la combinación Django, fructífera de código programado, sangrías astutas y sangrías cuadradas.

Accesible para Linux, Windows y OS X, Eclipse es el IDE de código abierto aceptado para el avance de Java. Tiene un vibrante centro comercial de expansiones y artículos adicionales, lo que hace que Eclipse sea útil para una amplia gama de ejercicios avanzados.

Una de estas expansiones es PyDev, que permite la investigación de Python, el acabado de código y la compatibilidad intuitiva con Python. Introducir PyDev en Eclipse es simple: desde Eclipse, seleccione Ayuda, Eclipse Marketplace, en ese momento, busque PyDev. Haga clic en Instalar y reinicie Eclipse.

Contras: Si estás empezando con Python, o con la mejora de la programación, en general, Eclipse puede ser mucho.

Características destacadas:

- Inspección y verificación del código.

- Contienen la combinación pyLint, depurador remoto, unión de prueba unitaria.

El IDE de Atom

Es el IDE más popular hecho por GitHub. Es un código abierto y multiplataforma. En primer lugar, se descarga el paquete de IDE.

Cuando haya organizado el software en su máquina, puede comenzar a trabajar en la codificación para iniciar el proyecto. El ejercicio instructivo le informa sobre todas las funciones, paso a paso. Un avance coordinado le permite comenzar un trabajo altamente integrado entre el software. El ejercicio instructivo, del mismo modo, le conoce el software de mainframe de Python. Sea como fuere, Jupyter Notebook no es la mejor alternativa para las verdaderas empresas. Un supervisor de código sería aconsejable para que usted utilice.

Atom es muy recomendable para la administración de código de múltiples plataformas y la edición efectiva de código durante los programas en vivo.

Sus diseñadores la consideran una herramienta menos segura. Particle permite a los clientes introducir paquetes y temas de extraños para modificar los aspectos destacados. En cualquier caso, Atom es increíble para la ciencia de la información, lo que le permite trabajar con lenguajes de programación de alto nivel.

Características destacadas:

- Muestra los resultados en ventanas en tiempo de ejecución.

- Tiene un módulo "Markdown Preview Plus"

El IDE del ala

Esta versión es gratuita. La versión estrella acompaña una prueba preliminar de 30 días para desarrolladores. Tiene algunas funciones que incorporan autocumplimiento, características de estructura de oraciones, sangrías, etc.

Evalúa la información dentro de los sistemas de datos de software apilados, o mediante la deriva sobre las imágenes en el administrador editorial. Investiga el documento, generando a fondo resultados.

Puntos de interrupción restrictivos

Los puntos de interrupción restrictivos y incluidos por alto se utilizan en el programa y con frecuencia se reutilizan en el mismo programa para limitar y resolver errores que influyen en un software específico. En consecuencia, también se detiene, mientras que aparecen algunas circunstancias inciertas.

Además, es un depurador vital que funciona rápido. Con respecto al esquema actual de la pila del Troubleshooting, tiene módulos multipropósito.

Características destacadas:

- Personalizable y puede tener expansiones.

- Admite el avance remoto, mejora impulsada por pruebas junto con la prueba unitaria.

Jupyter Notebook IDE

Jupyter se creó en la estructura servidor-cliente y le permite realizar y controlar informes de bloc de notas. Jupyter Notebook fue concebido a partir de IPython en 2014. Es una aplicación web que depende de la estructura servidor-cliente, y le permite hacer y controlar archivos de bloc de notas - o simplemente "scratchpad".

Deberías darle una oportunidad porque Jupyter Notebook te proporciona una condición de ciencia de la información intuitiva y fácil de usar en sentido transversal sobre muchos dialectos de programación que no solo se rellena como un IDE. ¡Es ideal para individuos que simplemente están empezando con la ciencia de la información!

Aspectos destacados El Bloc de notas de Jupyter le permite agregar segmentos HTML desde imágenes hasta grabaciones. Debido a Jupyter, usted puede sin mucho de un estiramiento ver y alterar su código para hacer presentaciones convincentes. Por ejemplo, puede utilizar bibliotecas de percepción de información, como Matplotlib y Seaborn, y mostrar los gráficos en un archivo similar donde se encuentra el código. Además, puede enviar su último trabajo a registros PDF y HTML, o puede intercambiarlo como un documento .py. Del mismo modo, también puede hacer diarios e introducciones en línea desde su scratchpad.

Jupyter Notebook debería ser una pieza fundamental del compartimiento de herramientas de cualquier investigador de información de Python. Es extraordinario para crear prototipos e impartir scratchpad a las representaciones.

Características destacadas:

- Los cuadernos de Jupyter tienen una característica de soportar rebajas

- Los códigos se pueden generar y cambiar fácilmente

- Lo mejor para principiantes en el campo de la ciencia de datos

Thonny IDE

Si desea aprender e instruir lenguajes de programación, este IDE es otra forma de hacerlo. Thonny es utilizado principalmente por los principiantes y considerado como fácil de entender IDE. Es un entorno de desarrollo frecuente en la comunidad de ciencia de datos de Python.

Características destacadas:

- La depuración es fácil y directa.

- Contiene características de acabado de código automático junto con errores.

Microsoft Visual Studio IDE

Es el más adecuado para mejorar e investigar las actividades web. Es un generador de código abierto accesible a todos los programadores de todo el mundo.

Características destacadas:

- Permite la codificación de Python en el estudio visual, que es una característica única de este IDE.

- Está disponible en forma de pago, así como de forma gratuita.

¿Por qué los IDE y los editores de código?

¿Por qué necesita un IDE o un administrador editorial de código? Por lo general, puede insertar direcciones en un terminal de línea de comandos y ejecutar sus proyectos, independientemente de si R o Python. A pesar de ello, hacer esto para tareas de programación enormes puede ser bastante decepcionante - principalmente si usted no está acostumbrado a las aplicaciones de traductor de línea de dirección. El uso de un IDE o un administrador editorial de código decente puede hacer que la codificación sea más sencilla y divertida. Son dispositivos de codificación que le permiten componer, probar y solucionar problemas del código. Los IDE y los editores de código son el mejor enfoque para un trabajo rápido. Pueden tratar con código caritativo e incluir código de auto-finalización, estructura de frases con y dispositivos de solución de problemas.

8.4 Editor de texto de Python

Sublime Text

Sublime editor de texto está lleno de funcionalidades. Es un software de programa de edición escrito en lenguaje C++, y también utilizado para Python. Su versión actualizada y soporta múltiples idiomas. Jon Skinner lo creó, y fue añadido al mercado en 2007. Para hacer este elemento, siguió tres reglas:

- Interfaz discreta y remota: debemos tener la alternativa de priorizar el contenido y evitar múltiples herramientas.

- El contenido no está oculto por las ventanas.

- Utilice todo el espacio disponible que podría ser normal: a través del uso a pantalla completa, facilita la edición.

Este editor de texto, como parte de Python IDE, tiene todas las funciones esenciales de cualquier software de edición universal. Proporciona un fácil acceso a las herramientas de formato y hacer un intento automático de reestructurar el texto para permitir que el proceso se complete sin problemas.

Características destacadas

- Rápida y pequeña cantidad de errores

- Abre registros gigantescos

- Soporta muchos dialectos de programación

Editor de texto Vim

Vim editor de texto es una herramienta de edición popular para Python. Fue desarrollado en 1991 por Bram Moolenaar. Este editor se utiliza para reestructurar y rediseñar archivos de texto. Vim contrasta a otros editores de contenido en su estrategia aislada para la acción. Tiene varios modos para manipular el texto. Es un software de programación gratuito y de alta demanda, y es personalizable mediante la inclusión de extensiones o el cambio de su registro de plan. En otras palabras, deduce que se puede utilizar sin mucha modificación. Vim tiene tres modos principales: modo de implante, modo común o de solicitud, y modo de línea de curso.

Características destacadas:

- El software es rico en características y da una excelente participación del cliente con la conectividad de red.

- La transformación de las posiciones de los documentos en los sistemas operativos se puede hacer rápidamente a través del editor de texto Vim.

GNU/Emacs Editor de Texto

Es un editor de texto GNU/Emacs muy recomendable que fue desarrollado por Richard Stallman. Se mantuvo frecuente entre los profesionales de la programación durante casi 20 años. El propietario del programa lo hizo gratis para todos los usuarios. Editing MACros-Emacs es un miembro exclusivo de la familia de los editores de texto. Este software ayuda a la programación de Python en la obtención de características de alta tecnología. GNU Emacs utiliza contenidos de personalización únicos para la progresión en un par de lenguajes de programación.

La extensión Elpy de este editor tiene muchas características atractivas, incluyendo la estructura de oraciones para separar segmentos de registro, y espacios entre el texto para tener una orquesta sólida en un archivo.

Características destacadas:

- Programación gratuita y móvil

- Ampliación automática de segmentos necesarios para la estructura de registros.

- Múltiples sistemas operativos con soporte de color de 24 bits.

Capítulo 9

Comparación de Python con Otros Idiomas

Python se puede comparar con otros lenguajes de programación de alto nivel. En comparación con otros lenguajes, Python supera en función de las funcionalidades, los métodos, las bibliotecas y la facilidad de uso. Este lenguaje cuenta con módulos profesionales, marcos y traductores que están aumentando su popularidad entre la industria del software y los profesionales de TI. Estas correlaciones se centran en la credibilidad del código de programación y otros factores significativos. Vamos a discutir la comparación detallada de Python con otros lenguajes de programación.

9.1 Comparación de Python frente a Java

Los programas Java son más rápidos que los programas Python. Python se ha mejorado enormemente como un lenguaje de "alto nivel", mientras que Java se describe mejor como un lenguaje de ejecución de bajo nivel. De hecho, los dos juntos hacen una mezcla magnífica. Se pueden generar varios segmentos en Java y unirse para dar forma al uso en Python. Python se puede utilizar para modelar piezas hasta que su estructura se pueda "solidificar" en un uso de Java. Un programa Python escrito en Java se considera medio desarrollado, lo que permite llamar a código Python desde Java y al revés. En esta ejecución, el código fuente de Python se entiende por código de bytes Java (con la ayuda de una biblioteca en tiempo de ejecución para ayudar a la semántica dinámica de Python).

Java es un lenguaje cuidadosamente encarnado, lo que significa que los nombres de las variables deben ser proclamados inequívocamente. Curiosamente, tenemos un Python progresivamente compuesto, donde no se requiere afirmación. Hay numerosas preguntas sobre la generación potente y de medición en lenguajes de programación. No obstante, hay que tener en cuenta una idea: Python es un lenguaje adaptable con una estructura de frases sencilla, lo que lo convierte en una excelente respuesta para componer contenidos y crear rápidamente aplicaciones para diferentes campos.

Java le permite crear aplicaciones multiplataforma, mientras que Python es bueno con prácticamente todos los marcos de trabajo de vanguardia. En cuanto al inicio, Java es irrazonablemente enrevesada para los pies tiernos contrastado con Python. Además, la simplicidad de la búsqueda de código es mejor con Python. Cuando necesite que el código se ejecute desde cualquier lugar, en ese momento, elija Java. El otro poco de margen de maniobra de Java es que le da la oportunidad de hacer aplicaciones basadas organizadas, mientras que Python no puede.

Java es considerablemente más complicado que Python. Cuando no tienes ningún aprendizaje de fundación especializado, Java no será simple. Por otra parte, Java se utiliza para programar para varias condiciones y ejecuciones en tiempo de ejecución del programa.

9.2 Python versus C

En cuanto a la sinesfuerzo, Python se hizo inicialmente para parecerse al discurso inglés. Este gran número de articulaciones en él son cualquier cosa menos difícil de percibir, principalmente si utiliza nombres de variables apropiados. Además, debido a la gramática básica, no hay desarrollos enredados, por ejemplo, secciones sintácticas, innumerables modificadores de palabras, diferentes desarrollos similares a C y varios enfoques para introducir factores. Todo hace que el código escrito en Python sea simple para la comprensión y el aprendizaje.

Simultáneamente, C-, debido a la herencia del lenguaje, tiene un montón de cosas de C+ y Java, que al principio se comunica en estructura de frases similares a C. Además, la estructura del lenguaje C- hace que sea esencial adherirse a estándares específicos al componer sus técnicas o adquirir clases, a la que se une otra oleada de modificadores de palabras. Uno no debería igualmente ignorar los cuadrados de código, que deberían estar 'encerrados' en accesorios. Python no lo tiene todo; utiliza cambios que además hacen que el código se vea perfecto.

En cuanto a la composición de programación de código, es probable que valga la pena hacer referencia a que los proyectos que Python llama código son códigos, que son simplemente grabar con código que puede ser ejecutado eficazmente por el mediador. Uno puede abrirlos en cualquier gerente, trabajar con ellos, y después de eso, ejecutar rápidamente una vez más. Además, con Python es mucho más sencillo componer contenidos multiplataforma que no deben volver a compilarse.

En el lenguaje de programación Python, podemos diseñar la función necesaria para traducir el código por máquina y podemos cambiar este código a otras plataformas o sistemas para que se ejecuten. Esta característica multiplataforma de este lenguaje de programación es única. Posteriormente, construirá el tamaño del contenido de unos pocos kilobytes a doce megabytes. No es útil para un solo uso.

Por lo tanto, C- requiere IDE para la programación típica. Como uno o más de C, tiene una ayuda confiable para diferentes segmentos del marco de Windows cuando se compone contenido para Windows. Por ejemplo, se trabaja en dispositivos para trabajar con la biblioteca, WMI, el sistema, etc. Además, C- le permite utilizar WinForms, lo que hace que sea extremadamente simple crear una interfaz gráfica si es de repente, requiere todas las cosas consideradas.

No hay una respuesta correcta qué lenguaje Python o C- es mejor. Python es más fácil de aprender; tiene muchas bibliotecas de código abierto cada vez más contrastadas con La de C. Sin embargo, la biblioteca estándar de C- es superior a Python, C- tiene más funciones, su presentación es más alta y avanza realmente rápido.

9.3 Python versus Javascript

El subconjunto "basado en objctos" de Python suele corresponder a JavaScript. Al igual que JavaScript (y no en absoluto como Java), Python refuerza un estilo de programación que utiliza límites y factores fundamentales sin participar en definiciones de clase. A pesar de todo, para JavaScript, siempre hay una necesidad de participación en clase. Python, por otro lado, admite la realización de emprendimientos mucho más altos y una mejor reutilización de código a través de un estilo de programación orquestado en un artículo genuino, donde las clases y el patrimonio esperan una actividad crítica.

9.4 Python contra Perl

Python y Perl comienzan desde un establecimiento cercano (secuencias de comandos Unix, que ambos han superado durante mucho tiempo), y tienen varias características equivalentes, de todos modos, tienen una perspectiva sustitutiva. Perl hace hincapié en la compatibilidad con las asignaciones de aplicaciones típicas, por ejemplo, al haber trabajado en explicaciones comunes, investigar registros y crear informes. Python subraya el soporte para estrategias de programación esenciales, por ejemplo, el plan de estructura de datos y la programación organizada de cosas e insta a los arquitectos de programación a crear código comprensible (y a lo largo de estas líneas razonable) dando un rico de todos modos no documentación en la nube. Posteriormente, Python se acerca a Perl pero en ocasiones lo supera en su territorio de aplicación único; en cualquier caso, Python tiene una naturaleza genuina muy pasado el reclamo de Perl a la fama.

9.5 Python versus Tcl

Tcl también para Python se utiliza como un lenguaje de desarrollo de aplicaciones, de forma similar como un lenguaje de programación libre. En cualquier caso, Tcl, que en su mayor parte, almacena todos los datos como cadenas, es frágil en las estructuras de datos y ejecuta código convencional significativamente más retrasado que Python. Tcl de la misma manera necesita características necesarias para crear actividades vastas, por ejemplo, espacios de nombres estimados. En esta línea, mientras que una aplicación inmensa "regular" usando Tcl, por regla general, contiene ampliaciones tcl escritas en C o C++ que se expresan a esa aplicación, una aplicación de Python relacionada puede escribirse gran parte del tiempo en "Código de Python completo." Tcl es una de las cualidades de redención son los compartimentos de herramientas Tk, mientras que Python ha conseguido una interfaz a Tk como su biblioteca de porciones GUI estándar.

9.6 Python contra Smalltalk

Posiblemente la mejor diferenciación entre Python y Smalltalk es la estructura de lenguaje progresivamente "estándar" de Python, que permite a los expertos en software una facilidad en el trabajo. Al igual que Smalltalk, Python tiene formación dinámica, lo que está aumentando el uso y las funcionalidades de este lenguaje de programación. Sin embargo, Python percibe los datos trabajados en tipos de objeto de clases descritas por el cliente. Sin embargo; Los tipos de datos de biblioteca estándar de Smalltalk se refinan dinámicamente.

La biblioteca de Python tiene más lugares de trabajo para supervisar las sustancias de Internet y WWW, por ejemplo, correo electrónico, HTML y FTP.

Python puede almacenar módulos estándar y módulos de cliente en registros individuales, que se pueden mejorar o realizar un curso fuera del marco de trabajo. Hay más de una decisión para colocar una interfaz gráfica de usuario (GUI) en un programa Python, mientras que Smalltalk carece de este atributo.

9.7 Python versus C++

Python y C++ son los lenguajes de programación utilizados para el desarrollo de proyectos de alto nivel. Tanto los lenguajes Python como

C++ varían entre sí desde numerosos puntos de vista. C++ se inicia desde el lenguaje C con varios modelos ideales y da múltiples componentes incorporados para la creación de programas, mientras que Pyhton es similar al lenguaje inglés con una sintaxis muy simple.

Python es universalmente útil y uno de los lenguajes de programación de alto nivel. Una variable se puede utilizar directamente sin su presentación mientras se compone código en Python.

En C++, un programa independiente necesita ser ordenado en cada marco de trabajo en el que se va a ejecutar el código, mientras que Python tiene marcos que permiten a los usuarios ejecutar un programa en pequeñas secciones

Python ofrece la capacidad de "componer y ejecutar en cualquier plataforma" que le permite seguir ejecutándose en todos los marcos de trabajo.

C++ se inclina a derrame de memoria, ya que no da una opción de ejecución independiente y utiliza punteros hasta un gran grado.

Python tiene acumulación de basura incorporada y proceso de porción de memoria dinámica que permite un uso competente de la memoria.

C++, hoy en día, se utiliza comúnmente para la planificación de equipos. Primero se retrata en C++ perseguido por su examen, estructuralmente obligado, y quería construir un lenguaje de representación de equipo de nivel de registro-movimiento.

Python se utiliza como un lenguaje de scripting, y ahora también se utiliza por la razón de no scripting. Del mismo modo, Python tiene una aplicación ejecutable independiente con la ayuda de algunas funciones integradas.

9.8 Python versus Common Lisp and Scheme

Common Lisp y Scheme están cerca de Python en su semántica dinámica. Python tiene límites lógicos como los de Lisp. Sus programas pueden tener condiciones coherentes ilimitadas para realizar una tarea particular de longitud extendida. Common Lisp y Scheme tienen algunas variaciones complejas en sus esquemas de codificación sólo comprensibles para los programadores. Por el contrario, Python tiene una codificación simple, fácil de entender y sencilla para administrar cada línea de código.

9.9 Python vs. Golang

Golang es un lenguaje bastante adaptable, al igual que Python. Ambos lenguajes no requieren ejercicio de instrucción excesivo y son fáciles de entender y ejecutables. Golang también se llama idioma Go, y Google lo desarrolló en 2009.

Python sustenta numerosos modelos ideales de programación y tiene una vasta biblioteca estándar; los modelos ideales incluidos son orientados a objetos, básicos, prácticos y procedimentales.

Ir sustenta la visión multi-mundo como procesal, práctico, y simultáneo. Su estructura de oraciones es habitualmente originaria de C; sin embargo, tiene una estructura de sintaxis suave, que requiere menos esfuerzo.

Se observa que Python y 'Go' tienen demasiadas diferencias. Por ejemplo, Golang no utiliza la característica de *try-except,* sino que permite que las funciones muestren problemas junto con una conclusión. Por lo tanto, antes de usar una función, es necesario comprobar que el error no se devolverá. Python se utiliza principalmente en aplicaciones web, mientras que El enfoque principal de Golang se convertirá en un lenguaje del sistema. Sin embargo, go también se utiliza en algunas aplicaciones web. Python no tiene administración de memoria, pero Golang proporciona una administración de memoria eficiente. Python no tiene un mecanismo de simultaneidad, mientras que Golang, por otro lado, tiene un mecanismo de simultaneidad integrado.

En términos de seguridad, Python es un lenguaje fuertemente tipado que se compila, por lo que agrega una capa adicional de seguridad, mientras que Go no es demasiado malo ya que cada factor debe tener un tipo relacionado con él. Implica que un diseñador no puede dejar escapar las sutilezas, lo que provocará más errores.

Python tiene un mayor número de bibliotecas que Golang. Python es más conciso que Golang. Python es la mejor opción para la programación básica, ya que se hace difícil escribir funciones complicadas con ella. Sin embargo, Golang es mucho mejor en programación compleja que Python

No sólo esto, también existe una diferencia significativa. Python es un lenguaje que se puede escribir dinámicamente, mientras que Go no es dinámico.

La razón principal detrás del hecho es que los desarrolladores de Python pueden entender fácilmente Golang sin ningún problema.

1. Python se centra en la sintaxis simple y clara, y la gramática impecable de las unidades Go correctamente a alta claridad.

2. El compostaje estático de Go se alinea con el estándar de "express es superior a entendido" en Python.

Así que se puede decir que Python es la mejor opción para ingenieros de software y desarrolladores de todo el mundo. Pero debido a que Python es un lenguaje con tipo dinámico, su rendimiento es menor que Golang debido a su singularidad de tipo estático. Por lo tanto, es mejor utilizar ambos idiomas simultáneamente. Para la codificación, dé prioridad a Golang y utilice Python de lo contrario.

9.10 Python versus Node.js

Es fundamental recordar que Node.js no es un lenguaje de programación como Python, pero en su lugar es un dominio en tiempo de ejecución para JavaScript.

Por lo tanto, escribir en Node.js significa que está utilizando un lenguaje similar en el front-end y el back-end.

Circunstancias favorables de Python sobre Node.js

En un nivel más avanzado, JavaScript puede ser difícil de comprender para los desarrolladores con menos experiencia en Node.js. Pueden cometer algunos errores genuinamente básicos, obstaculizando el progreso simultáneamente.

No es la situación con Python, ya que es más fácil de usar para desarrolladores menos experimentados. Los errores realizados por ellos tendrán, en menor medida, un efecto negativo en la mejora.

Punto de sección inferior

Marcos de trabajo, por ejemplo, Django es de apoyo, aumentar la naturaleza del código y acelerar el camino hacia la composición.

Más aplicaciones

Node.js es, en su mayor parte, utilizado para la web, mientras que los usos de Python son mucho más notables.

La inclusión total y la flexibilidad de Python son algunas de las principales razones por las que el lenguaje es un excelente ajuste para los avances de la esclavitud, por ejemplo, la ciencia de datos.

Mejor uso

Las condiciones y marcos de tiempo de ejecución de JavaScript actualizan inesperadamente el lenguaje; Node.js no es una exención. Con toda honestidad, el ecosistema de JavaScript es un desastre, sin embargo, ni siquiera tan terrible como solía ser.

Python no tiene ese problema, que es la razón por la que es más sencillo y sencillo de usar. Además, hace que el idioma sea más rápido para escribir, aunque Node.js no es lento.

Es crucial conocer JavaScript si desea utilizar Node.js ya que está administrando un lenguaje similar en el front-end y el backend.

Ecosistema menos obstinado

Node.js tiene características únicas que empuja a los desarrolladores a través de indicadores sobre "lo que necesitan usar y cuándo necesitan usar" cuando están trabajando a través de este lenguaje de programación.

Tiene una gran cantidad de paquetes integrados que los desarrolladores necesitan entender. Es por eso que, con la mejora de las bibliotecas de programación, los desarrolladores tendrán que desarrollar sus habilidades a ese nivel.

Codificación de todo en JavaScript

El javascript se utiliza para la programación front-end y backend con la ayuda de Node.js para lograr los mejores resultados. Ahorra mucho tiempo y hace que el trabajo sea fácil para los usuarios. Hoy en día, los expertos en TI utilizan este lenguaje tanto como sea posible para realizar tareas de programación basadas en web.

Desarrollo rápido y enorme red

Desde 2012, Python ha sido elogiado de forma fiable por su increíble red y soporte, y que está bien. Con su gran número de bibliotecas y marcos, tiene procedimientos de desarrollo rápidos llamando a la biblioteca o función requerida.

Hoy en día, JavaScript también se mantiene de forma similar. Continúa desarrollándose sin ningún indicio de detención y se mantiene particularmente por delante del paquete de los idiomas más potentes en el negocio.

Historia avanzada de Python y JavaScript

JavaScript ha visto una gran cantidad de agonías en desarrollo. Su código fue rechazado muchas veces cuando fue creado, y sus viejas adaptaciones todavía están haciendo problemas similares hoy en día.

En general, Python tiene el terreno alto aquí. La documentación y la inclusión de Python son mejores que Node.js. Con respecto a la calidad inquebrantable, Python ha estado constantemente frente a JavaScript.

Avances de inclinación

El ecosistema tumultuoso de JavaScript además hace que Node.js sea excesivamente precario y errático para depender de las innovaciones a la deriva.

Como resultado de los problemas críticos de los patrones de JavaScript, las innovaciones de JavaScript se vuelven obsoletas significativamente más rápidamente. Es la razón por la que Node.js es una decisión insegura para el aumento de las tendencias innovadoras.

Python no representa ese peligro, ya que presenta cambios significativos gradualmente. El lenguaje es ideal para las innovaciones de la pida, por ejemplo, el aprendizaje automático o la ciencia de datos, con sus especialistas de primera clase y soporte bibliotecario.

Ejecución y velocidad

Node.js puede luchar con la ejecución de una gran cantidad de asignaciones de inmediato. El código no se compone bien en general; su programa funcionará de manera ineficaz y funcionará gradualmente.

Puede ocurrir con Python, pero los marcos de Python, por ejemplo, Django, proporciona soporte instantáneo para ayudar a su programa a ejecutarse sin problemas.

Es un caso más de Python que hace la vida más fácil para los desarrolladores.

La calidad de su programa lo es todo: es el principal factor a tener en cuenta al elegir el lenguaje de programación para la forma final del producto.

Python funciona mejor para ciertas empresas y Node.js funciona mejor para otras personas. Su decisión debe depender completamente de si tiene grandes desarrolladores de Python o JavaScript en su grupo.

Esta contención no es válida en la posibilidad de que tenga desarrolladores de pila completa con los dos lenguajes de programación; sin embargo, esos son difíciles de encontrar, por lo que debe decidir su estrategia de programación antes de empezar.

9.11 Python versus PHP

Desde la perspectiva de la mejora, PHP es un lenguaje situado en la web. Una aplicación PHP es cada vez más similar a una gran cantidad de contenido exclusivo, posiblemente con un punto de sección semántico separado.

Python es un lenguaje adaptable que se puede aplicar adicionalmente para la mejora web. Una aplicación web dependiente de Python es una aplicación innegable apilada en la memoria con su estado interno, que se ahorra de la consulta a la solicitud. La selección entre Python o PHP para aplicaciones web se centra en las siguientes cualidades:

Python versus PHP para la correlación de mejora web

Los patrones y la prevalencia de un lenguaje de programación son críticos en estos días. Algunos clientes y propietarios del programa necesitan utilizar los avances más famosos y anunciados para sus empresas. Como PHP tiene comando sobre programación de aplicaciones web y ampliamente utilizado entre la comunidad de desarrolladores, se considera la mejor opción para lograr aplicaciones de alta velocidad. Mientras que Pythos también funciona para aplicaciones web, la agenda principal de este lenguaje de programación es Data Science.

Marcos

Python tiene muchas bibliotecas funcionales que son famosas en todo el mundo, por ejemplo, Pandas, Numpy y más. Del mismo modo, hay mecanismos de código de código abierto altamente eficientes. PHP tiene un enfoque diferente hacia la calidad del código y el sistema de adición innovadora en esta fuente de programación.

Hay marcos populares en Python, pero los más útiles son Django y Flask. A nivel mundial, los desarrolladores están utilizando estos marcos para mejorar la velocidad de su trabajo. El lenguaje PHP no usa marcos. En su lugar, se centra en llamar a bibliotecas construidas por otras comunidades PHP.

Es una realidad establecida que el marco de Python cambiará pronto debido al desarrollo de la red de Python.

Capítulo 10

Futuro de Python

10.1 Aumento de la popularidad de Python

Python está gobernando el mundo de la tecnología moderna y debido a su singularidad ha dejado otros lenguajes como C++, Java, etc. muy atrás. Python, con su gran utilidad, tiene un futuro prometedor y brillante. Python ha pasado por 25 años de enmiendas continuas con versiones mejoradas y mejor actualizadas para que pueda servir como el lenguaje de programación más rápido y confiable. Python proporciona la mejor calidad, por lo que llama la atención de cada desarrollador. Más de 126.000 sitios web han utilizado Python. Una gran cantidad de sistemas de toma de decisiones para el análisis predictivo han desarrollado aplicaciones utilizando Python. Es el lenguaje de hoy y del futuro, también.

Perfiles de desarrolladores de Python

Los desarrolladores de Python se ordenan como el lenguaje y sus aplicaciones. Los clientes de Python varían ampliamente en edad, sin embargo, la mayoría de sus usuarios están en sus 20 años, y un cuarto tiene 30 años. Sorprendentemente, casi una quinta parte de los clientes de Python son menores de 20 años. Se puede aclarar, por cierto, que numerosos subestudios utilizan Python en escuelas y colegios, y es un primer idioma común para muchos programadores de computadoras.

Según la encuesta reciente, casi el 65% de los ingenieros de software se están moviendo hacia el lenguaje Python como una carrera. Como Python es un lenguaje simple y fácil de aprender, muchos recién llegados están adoptando este lenguaje de alto nivel para hacer su fortuna de este nuevo campo de la ciencia de datos. Es una práctica generalizada hoy en día y cada ingeniero de software está buscando aprender las bibliotecas, métodos y el uso de Python para convertirse en un científico de datos. El 30% de los ingenieros que tienen menos de dos años de experiencia experta han comenzado a utilizar Python como su lenguaje de programación principal.

Utilización general de Python

Alrededor de cuatro de cada cinco diseñadores de Python afirman que es su idioma principal. Diferentes investigaciones demuestran la cantidad de ingenieros de Python, que la utilizan como lenguaje principal. En la revisión de Stack Overflow, la fama de Python se ha expandido del 32% a mediados de 2017 al 38,8% a finales de ese año.

Utilidad Python con otros idiomas:

Python está siendo utilizado por todos los desarrolladores que sólo se centraban en otros lenguajes de alto nivel hace apenas un año. Esta tendencia está cambiando debido a la evolución de la ciencia de datos.

Según una encuesta, JavaScript es utilizado por el 79% de los ingenieros web, sin embargo, sólo el 39% de ellos están comprometidos con la investigación de datos o inteligencia artificial.

Algunas empresas importantes que utilizan Python como ciencia de datos:

Google

Google es considerado el mayor gigante de TI y ha apoyado Python desde sus inicios. Google utiliza Python en su rastreador web.

Facebook

Facebook está interesado en la utilización de Python en su Departamento de Ingeniería de Producción.

Instagram

El equipo de ingeniería de Instagram reveló en 2016 que el despliegue más masivo del mundo del marco web de Django impulsado por ellos está completamente escrito en Python.

Netflix

Netflix utiliza Python de una manera muy similar a Spotify, dependiendo del lenguaje para alimentar su análisis de datos en el lado del servidor.

Dropbox

Este sistema de almacenamiento basado en la nube emplea Python en su cliente de escritorio.

10.2 Factores detrás del crecimiento de Python en el Mundo Moderno

El crecimiento de Python se está volviendo prominente y está mejorando día a día. Los ingenieros y desarrolladores de software prefieren este lenguaje debido a su versatilidad y facilidad de uso.

Varios otros factores que están detrás de su crecimiento son los siguientes:

1. Buen apoyo y comunidad

Los lenguajes de programación a menudo se enfrentan a problemas de soporte. Carecen de documentación completa para ayudar a los programadores cuando surgen problemas. Python no tiene tales problemas y está bien soportado. Una gran cantidad de tutoriales y documentación está disponible para ayudar a los programadores de la mejor manera posible. Tiene una comunidad buena y activa cuya función es apoyar a los desarrolladores. Los programadores experimentados ayudan a los principiantes y se ha creado una atmósfera de apoyo.

2. Fácil de codificar y escribir

Si comparamos Python con otros lenguajes de programación como Java, C o C++, Python posee un código legible y sencillo. La codificación se expresa de una manera relativamente fácil para permitir que los principiantes lo entiendan rápidamente.

Para aprender el nivel avanzado de programación de Python, se requiere mucho tiempo y esfuerzo, pero para los principiantes, es una tarea fácil. Los usuarios pueden identificar rápidamente el propósito del código, incluso después de un vistazo rápido.

3. Python es el lenguaje de la educación

Python es un lenguaje fácil de usar. Posee funciones, expresiones, variables y todos los demás elementos que los alumnos pueden entender y practicar fácilmente. Es el lenguaje de programación estándar para Raspberry Pi, un entrenamiento estructurado para PC. Las universidades enseñan Python en ciencias de PC, así como a estudios aritméticos. Además, Matplotlib (una biblioteca de Python prominente) se utiliza en sujetos en todos los niveles para expresar datos complejos. Python es uno de los lenguajes en desarrollo más rápidos en Codecademy, así, y por lo tanto es cualquier cosa menos difícil de aprender de forma remota.

4. Fácil de codificar y escribir

Python tiene una estructura de codificación y sintaxis elemental. En comparación con otros lenguajes de programación de alto nivel como Java, C o C++, Python tiene un código sencillo y discernible. El código se comunica de una manera sencilla, que puede ser descifrada en su mayoría incluso por un ingeniero de software novato.

5. Python es perfecto para construir prototipos.

Python no solo permite a los usuarios escribir menos código, sino que también proporciona la utilidad para crear prototipos e ideas muy rápidamente. La lluvia de ideas o la ideación es un aspecto esencial del desarrollo web, que en su mayoría se pasa por alto. La capacidad de pensar en prototipos que pueden funcionar más rápido se vuelve mucho más fundamental.

6. La integración y ejecución es rápida

Python se considera como lenguaje de clase alta. Es el lenguaje más rápido cuando se trata de ejecución e integración y ahorra bastante tiempo para los programadores. Con proyectos como PyPy y Numba, la velocidad se mejora aún más, lo que lo convierte en el idioma más rápido con cada día que pasa.

7. Python tiene una biblioteca estándar

Python contiene bibliotecas que eliminan la carga de componer un código por parte del programador. Estas bibliotecas poseen una gran cantidad de funciones integradas y códigos ya disponibles. Por lo tanto, el código se puede generar fácilmente en lugar de tener que crearse.

8. Lenguaje multiplataforma

Una de las características más destacadas de Python Programming Language es que es accesible para plataformas cruzadas. Es compatible con sistemas operativos altamente eficientes como Linux, Windows, Ubuntu y más.

Por lo tanto, sin duda se puede seguir ejecutando un producto sin agonizar sobre el soporte de marco. Muy bien puede ser traducido en el idioma con la ayuda de un componente conveniente que hace que sea fácil de utilizar. Para resumir las cosas - redactar código en el Mac y ejecutarlo sin problemas en Windows.

9. Proporciona una gran cantidad de herramientas

Contiene una vasta colección de bibliotecas estándar, que reducen el esfuerzo por escribir códigos o funciones. Las bibliotecas de Python siempre tienen códigos preescritos.

Algunas de las herramientas son las siguientes: Tkinter (un desarrollo gui), formato de archivo, función integrada, intérprete de Python personalizado, protocolos de Internet y soporte, módulo, etc. Esta extensa colección aumenta la utilidad de Python como herramienta de programación para la ciencia de datos.

10. Python es gratis

Python es un lenguaje de código abierto y es gratuito de usar. Guido van Rossum ha ejecutado Python desde su creación. Es excelente de código abierto y GPL. El creador de este lenguaje tuvo la visión de mantenerlo libre para todos los programadores del mundo. Sin embargo, la programación de código abierto ha cambiado oficialmente el mundo. Python no tiene ningún costo oculto o módulos que puedan vender, y esto lo convierte en un dispositivo ideal para que todos lo utilicen.

10.3 Oportunidades de carrera asociadas con Python

En este poderoso mundo actual donde todo cambia a un ritmo rápido, la prevalencia de Python nunca parece detenerse. Hoy en día, la certificación Python es muy popular. Tiene una gran cantidad de bibliotecas que ayudan a la investigación, el control y la representación de datos. De esta manera, ha avanzado como el idioma más favorecido y visto como el "Siguiendo las cosas grandes" y una "necesidad absoluta" para los profesionales.

Con una amplia gama de lenguajes de programación, Python ha superado a diferentes lenguajes. Las aperturas de vocación relacionadas con Python se han desarrollado además fundamentalmente a medida que su fama se ha expandido. Numerosas organizaciones de TI están buscando más solicitantes con experiencia y aptitudes en lenguajes de programación Python. Python ha demostrado ser la mejor vocación para los ingenieros de software y ahora es el momento- más pronto que tarde.

Conclusión

Python es un famoso lenguaje orientado a objetos que es altamente compatible con la ciencia de datos. En el mundo actual, muchas empresas están haciendo que sus sistemas de gestión de datos avancen más con la capacidad de predecir resultados futuros a través del uso del lenguaje de programación Python. Python contiene las mejores características, incluyendo un amplio conjunto de funciones, bibliotecas, expresiones, módulos de matrices, instrucciones, etc. El uso de Python no se limita a un campo determinado, como la programación web. Por lo tanto, se conoce como un lenguaje de programación *multipropósito.* Cientos de científicos de datos, empresas de primer nivel, ingenieros de software y firmas de contabilidad están dando preferencia a Python sobre todos los demás lenguajes de programación. Este lenguaje de programación de alto nivel se utiliza en todo tipo de aplicaciones, incluidas las aplicaciones web y las aplicaciones de juegos. El campo de la gestión de datos está creciendo rápidamente, lo que permite diseñar modelos predictivos para megaempresas. Comprender Python es una de las habilidades significativas necesarias para una profesión de ciencia de datos. Este lenguaje de programación de alto nivel ha evolucionado como una herramienta de análisis de datos. Aquí hay una breve historia:

- En 2016, superó a R en Kaggle, el escenario principal de las rivalidades en ciencia de datos.

- En 2017, superó a R en el estudio anual de KDNuggets de los dispositivos más utilizados por los científicos de datos.

- En 2018, el 66% de los científicos de datos revelaron el uso de Python día a día, lo que lo convierte en el aparato central para los científicos de datos.

Los expertos pronosticaron un aumento del 35% en la demanda de científicos de datos para el año 2021. Es el momento adecuado para desarrollar su habilidad en este lenguaje de programación muy demandado para la ciencia de datos, ya que elevará su carrera a un nuevo nivel. Cada empresa requiere sistemas de análisis de datos eficientes que obtengan datos, los organicen y los conviertan en información útil. El científico de datos que puede construir un sistema predictivo profesional mediante la programación de Python puede marcar la diferencia en cada negocio. En esta era del big data, los profesionales de datos se convertirán en las personas más esenciales para todas las empresas de todo el mundo.

Referencias

1- Fundamentos de Python Data Science, 2019, "Programming language's uses" recuperados de https://www.javatpoint.com/

2- Mejores prácticas de programación y análisis de datos, 2017, "Python como herramienta de análisis de datos" recuperado de https://hackr.io/blog

3- Sintaxis y papel de la codificación, 2018, "Fácil de aprender la codificación", recuperado de https://hackernoon.com/

4- Importancia del aprendizaje automático, 2019, "Futuro de la ciencia de datos" recuperado de https://www.newgenapps.com/#1

5- Bibliotecas y métodos de Python, 2018, "Mecanismos de datos bajo comandos de Python", recuperados de https://www.probytes.net/blog/Python-future/

6- Cómo escribir una función de Python, 2019, "Funciones de Python y su uso" recuperado de https://www.datacamp.com/

7- Masterización de la biblioteca de datos principal de Python,2019, "Pandas como biblioteca principal", recuperada de https://towardsdatascience.com/

8- Comparación de Python con otros lenguajes de alto nivel, 2018, "Python como lenguaje avanzado de ciencia de datos, recuperado de https://worthwhile.com/insights/2016/07/19/django-Python-advantages/

www.ingramcontent.com/pod-product-compliance
Lightning Source LLC
Chambersburg PA
CBHW071117050326
40690CB00008B/1248

* 9 7 8 1 6 5 4 1 9 2 3 8 9 *